Theoretische Und Praktische Abhandlung Der Lehre Vom Magnet: Mit Eignen Versuchen

Tiberius Cavallo

Phys. Sp. ~~166~~.
126.

Fiche

Physica. De magnete 298.

R

Theoretische und praktische

Abhandlung

der Lehre

vom

Magnet

mit

eignen Versuchen

von

Tiberius Cavallo,

Mitglied der königlich-großbritannischen Societät der Wissenschaften.

———

Aus dem englischen übersetzt.

———

Mit zwoen Kupfertafeln.

———

Leipzig,
im Schwickertschen Verlage 1788.

Vorrede.

Die große Wichtigkeit der Lehre vom Magnet, vorzüglich für die Schiffahrt, und die Dunkelheit, in welche die Ursache der so wunderbaren magnetischen Erscheinungen verhüllt ist, hat von langen Zeiten her die Aufmerksamkeit der geschicktesten Naturforscher und Mathematiker beschäftiget, welche mit dem grösten Fleiße und dem tiefsten Nachdenken die Eigenschaften des Magnets untersucht, und Hypothesen zur Erklärung derselben erdacht haben. Einige dieser Arbeiten, wenn sie auch nicht auf Entdeckung neuer Wahrheiten geführt haben, sind dennoch ungemein sinnreich, und verdienen alle Aufmerksamkeit.

Die Absicht des Verfassers ging anfänglich dahin, alle diese Beobachtungen in eine schickliche Ordnung zu bringen, die verschiedenen Hypothesen vorzutragen, und die Art zu erklären, wie man die magnetischen Phänomene mathematisch aus denselben herzuleiten gesucht habe; als aber das Werk fast vollendet war, so bewog ihn der große Umfang desselben, und die Subtilität des mathematischen Theils, welche mit dem Geschmacke der meisten Leser unverträglich zu seyn, und selbst die Geduld der Mathematiker zu übersteigen schien, nebst der Betrachtung, daß solche Rechnungen nicht allezeit auf brauchbare Folgerungen führen, den anfänglichen Plan des Werks gänzlich zu ändern, und er wendete nunmehr seine Arbeit darauf, den abstracten Theil wiederum abzusondern und das Buch selbst in die Gestalt, unter welcher es nunmehr erscheint, zusammenzuziehen.

Der Zweck der folgenden Abhandlungen ist also bloß dieser, eine kurze Uebersicht von dem gegenwärtigen Zustande unserer den Magnetismus betreffenden Kenntnisse zu geben; und die verschiedenen einzelnen Theile dieser Materie sind von dem Verfasser in diejenige Ordnung gestellt, welche ihm die bequemste schien, um den Leser auf die deutlichste und kürzeste Art von dem einfachsten auf den verwickeltern und schwerern Theil des Gegenstandes zu leiten.

Der erste Theil handelt von den Gesetzen des Magnetismus, d. i. von denjenigen Eigenschaften und ihren Bestimmungen, welche durch eine große Anzahl von Versuchen und Beobachtungen bestätiget und von allen Hypothesen unabhängig sind.

Um die Kenntnisse zuverlässiger Thatsachen von den angenommenen Meinungen über ihre Ursachen zu unterscheiden und die Unwahrscheinlichkeit der meisten von diesen Meinungen zu zeigen, ist der zweyte und bey weitem kürzeste Theil des Buchs für die Hypothesen über den Magnetismus bestimmt worden.

Der dritte Theil betrift das Praktische dieses Gegenstandes, und enthält die Reihe derjenigen Versuche, welche nöthig und hinreichend sind, um die im ersten Theile erwähnten Gesetze zu beweisen, und zu den verschiedenen Absichten, wozu sie brauchbar sind, anzuwenden.

Endlich enthält der vierte und lezte Theil verschiedene den Magnetismus betreffende vom Verfasser selbst angestellte Versuche.

Auch wird man durch das ganze Werk hindurch manche nützliche Bemerkungen und Winke für diejenigen antreffen, welche diesen Gegenstand weiter zu untersuchen willens sind; so wie anderer Seits der Verfasser für gut gefunden hat, einige geringfügige Umstände, welche der scharfsinnige Leser leicht selbst hinzusetzen kann, ingleichen einige Versuche, welche bloße Abänderungen derer im Buche angeführten zu seyn schienen, hinwegzulassen.

Endlich sind, um das Werk deutlicher und brauchbarer zu machen, zwo Kupferplatten und ein ausführliches Register beygefügt worden.

Inhalt.

Erster Theil.
Gesetze des Magnetismus.

Zweyter Theil.
Theorie des Magnetismus.   65

Dritter Theil.
Praktische Lehre vom Magnet   86

Vorrede.

für diejenigen antreffen, welche diesen Gegenstand weiter zu untersuchen willens sind; so wie anderer Seits der Verfasser für gut gefunden hat, einige geringfügige Umstände, welche der scharfsinnige Leser leicht selbst hinzusetzen kann, ingleichen einige Versuche, welche bloße Abänderungen derer im Buche angeführten zu seyn schienen, hinwegzulassen.

Endlich sind, um das Werk deutlicher und brauchbarer zu machen, zwo Kupferplatten und ein ausführliches Register beygefügt worden.

Inhalt.

Erster Theil.
Gesetze des Magnetismus.

Zweyter Theil.
Theorie des Magnetismus.   65

Dritter Theil.
Praktische Lehre vom Magnet.   86

Vierter Theil.

Anhang.

Erster Theil.
Gesetze des Magnetismus.

———

Erstes Capitel.
Allgemeiner Begriff vom Magnetismus und Erklärung der Kunstworte.

Den Namen des natürlichen Magnets oder Magnetsteins *) (*natural Magnet, Load-Stone*) giebt man einem mineralischen festen Körper, welcher außer andern ihm zukommenden Eigenschaften auch diese hat, daß er Eisen und eisenartige Körper anzieht. Und da sich eben diese Eigenschaften auch dem Eisen, Stahle und andern eisenartigen Substanzen mittheilen lassen, so heissen diese Körper, wenn sie die Eigenschaften des Magnets erhalten haben, künstliche Magnete.

Jeder Magnet, er sey ein natürlicher oder künstlicher, muß die nachfolgenden charakteristischen und von seinem Wesen unzertrennlichen Eigenschaften besitzen, so daß man keinen Körper einen Magnet nennen kann, er besitze denn alle diese Eigenschaften zugleich; und daß man kein

———

*) Das Wort **Magnet** leiten einige alte Schriftsteller von dem Namen eines Hirten her, welcher auf dem Berge Ida den ersten Magnet entdeckt haben soll. Pythagoras, Aristoteles, Euripides und andere nennen ihn gewöhnlicher den Heracleischen Stein, von Heraclea, einer in Magnesia, einem Theile des alten Lydiens, gelegnen Stadt, wo man ihn zuerst gefunden haben sollte. Sonst hat er auch von seinem Gebrauch für die Schifffahrt den Namen *Lapis nauticus*, und von der Anziehung des Eisens, welches die Griechen Sideron nennen, den Namen *Sideritis* erhalten.

A

Beyspiel der Erzeugung oder Hervorbringung eines Magnets findet, wobey sich etwa nur eine oder einige dieser Eigenschaften, ohne die übrigen, gezeigt hätten.

1. Ein Magnet zieht Eisen und eisenartige Körper an sich.

2. Wenn man einen Magnet so stellet, daß er sich frey und ungehindert drehen kann, z. B. wenn man ihn an einem Faden aufhängt, so kehret er jederzeit einen und ebendenselben Theil seiner Oberfläche gegen den Nordpol der Erde oder gegen einen nicht weit von diesem Pole ab-stehenden Punkt; mithin wendet er den entgegengesetzten Theil seiner Oberfläche dem Südpole der Erde oder einem nicht weit von diesem abstehenden Punkte zu. Diese Theile der Oberfläche eines Magnets heißen daher seine **Pole**, der erstere der **Nordpol**, der letztere der **Süd-pol**. Die beschriebene Eigenschaft selbst wird die **Pola-rität**, oder das Vermögen sich zu richten, genannt, und wenn ein magnetischer Körper sich von selbst in diese Lage stellt, so sagt man, er **richte sich**. Die Verticalfläche, welche durch die Pole eines in seiner natürlichen Richtung stehenden Magnets gehet, heißt der **magnetische Meri-dian**. Der Winkel des magnetischen Meridians mit der Mittagsfläche des Orts, wo sich der Magnet befindet, heißt die **Abweichung** oder **Declination des Magnets**, noch gewöhnlicher die **Abweichung der Magnetnadel**, weil die künstlichen Magnete, welche man insgemein zu Beobachtung dieser Eigenschaft ge-braucht, mehrentheils dünn und fast in Gestalt einer Na-del gearbeitet werden; oder weil man oft auch wirkliche Nähnadeln zu dieser Absicht gebraucht hat.

3. Wenn man zween Magnete so stellet, daß der Nordpol des einen gegen den Südpol des andern zu ste-hen kommt, so ziehen sie einander an; wird aber der Süd-pol des einen gegen den Südpol des andern gebracht, so stoßen sie einander zurück. Kurz, **die gleichnamigen Pole der Magnete stoßen einander zurück;**

die ungleichnamigen hingegen ziehen einander an.

4. Wenn ein Magnet so gestellt wird, daß er sich sehr leicht frey bewegen kann, so neigt er sich gewöhnlich mit dem einen Pole gegen den Horizont, und erhebt sich folglich mit dem andern über denselben. Diese Eigenschaft nennt man die **Neigung** oder **Inclination des Magnets**, nach gewöhnlicher aus der oben angeführten Ursache die **Neigung der Magnetnadel.**

5. Jeder Magnet kann durch gehörige Veranstaltungen in den Stand gesetzt werden, diese Eigenschaften dem Eisen, Stahle und den meisten eisenartigen Substanzen mitzutheilen.

Durch Erfahrung und Fleiß sind diese Eigenschaften des Magnets nach und nach entdeckt, untersucht, bestimmt, und zu vielerley nützlichen Absichten angewendet worden. Es ist der Endzweck dieser Schrift, die durch unzählbare Beobachtungen hierüber bestimmten Gesetze, und die Vortheile, welche man aus der Anwendung derselben gezogen hat, kurz und deutlich darzustellen. Sowohl die Gesetze als die Anwendungen sind in den folgenden Capiteln methodisch geordnet, so daß man dasjenige beysammen findet, was unter sich am genauesten verbunden ist; da aber die ganze Wirksamkeit des Magnetismus sich lediglich, oder doch hauptsächlich, auf das Eisen, und die Körper, welche Eisen in einem oder dem andern Zustande enthalten, einzuschränken scheinet, so wird es nöthig seyn, die natürliche Geschichte und die chymischen Eigenschaften des Eisens wenigstens in so fern voraus zu schicken, als dies zum Verständniß der Sache selbst unentbehrlich ist, oder auch Wege zu weitern Entdeckungen bahnen kann.

Zweytes Capitel.

Natürliche Geschichte und vornehmste Eigenschaften des
Eisens. Natürlicher Magnet oder Magnetstein.

Das Eisen ist unter allen Metallen das nützlichste für
das menschliche Leben; dennoch ist das Wesen desselben noch bey weitem nicht vollkommen ergründet und
hinlänglich untersucht. Man zählt es zu den unvollkom-
menen Metallen, weil es dem Roste oder der Verkalkung
unterworfen ist, und seine eigenthümliche Schwere, ob
man gleich dabey einige Verschiedenheit findet, steigt doch
selten oder gar nicht über die 8fache, und ist nie unter der
7, 6fachen Schwere des destillirten Wassers.

Fast überall wird Eisen gefunden, und aus dem
Schooße der Erde gezogen, wo man es theils schon von
selbst im metallischen Zustande antrifft, und gediegenes
Eisen nennt, theils aber auch mit verschiedenen Substanzen vermischt findet. Wenn in solchen Mischungen
das darinn enthaltene Eisen oder die eisenartigen Substanzen einen beträchtlichen Theil ausmachen, so nennt
man sie Eisenerze.

Nach der Angabe der neusten Mineralogen sind
die Eisenerze, und ihre vornehmsten Benennungen folgende.

1. Stahlerz, ein brauner Eisenkalk, mit Eisen
im metallischen Zustande vermischt.

2. Der Magnet.

3. Brauner Eisenkalk, mit Reißbley vermischt.

4. Weißes oder spathiges Eisenerz; ein
brauner Eisenkalk mit weißem Braunsteinkalk vermischt.

5. Magnetischer Sand.

6. Hämatit, Glaskopf; rother verhärteter Eisenkalk, mit etwas Thon und oft mit Braunstein verbunden.

7. Glasköpfigte, gelbe, rothe und braune Ocher; ein Hämatit in lockerer Gestalt, mit einem merklichen Theil Thon vermischt.

8. Rother Eisenglimmer, rother Eisenkalk mit Reißbley verbunden.

9. Torsten, ein rother Eisenkalk mit einem kleinen Theil des braunen vermischt, und verhärtet.

10. Schmirgel.

11. Graues Eisenerz, ein rother Eisenkalk mit Wassereisen verbunden.

12. Thonigte Eisenerze, wovon es zwo Abänderungen giebt, die hochländischen Thonerze (minera ferri ochracea) und das sumpfige Eisenerz (minera ferri lacustris vel subaquosa).

13. Rothes kalkigtes Eisenerz.

14. Kieseligtes Eisenerz.

15. Bittersalzigtes Eisenerz.

16. Eisenhaltiger Galmey.

17. Eisenkies oder Eisen durch Schwefel vererzt.

18. Weißer, grauer, oder bläulich grauer Eisenkies, Marcasit, Eisen durch Schwefel und Arsenik vererzt.

19. Mispickel, Eisen, bloß durch Arsenik vererzt.

20. Brennbares Eisenerz.

21. Grüner Vitriol, Eisen durch Vitriolsäure vererzt.

22. Eisen durch Phosphorussäure vererzt; wovon es zwo Arten giebt, das Wassereisen, und das natürliche Berlinerblau; das letztere besteht aus Eisen, Phosphorsäure und Thonerde *)

Bey der Gewinnung dieses Metalls aus den verschiedenen Eisenerzen hat man auf zweyerley Gegenstände zu sehen, nemlich auf den mehr oder weniger metallischen

*) Man s. Bergmanns Mineralogie, Kirwans Mineralogie (übersetzt von Wittekopf mit Crells Vorrede. 1785. 8.) und Cavallo's two mineralogical tables. London. 1786. 4

Zustand des Eisens selbst, und auf die fremden damit vermischten Körper. In dieser Rücksicht ist es fast unmöglich, ohne besondere darüber angestellte Versuche, die vortheilhafteste Methode anzugeben, nach welcher das Eisen
aus einem gegebnen Erze gewonnen werden kann. Inzwischen sind die vornehmsten Mittel, durch welche man
bey dieser Operation wirkt, ein starkes Feuer, und die
Beymischung solcher Zuschläge, welche viel brennbaren
Stof hergeben können.

Das Eisen ist selbst nach seiner Aufbereitung aus
den Erzen und nach seiner Reduction zur metallischen Gestalt, noch immer sehr verschieden; und die Arten desselben, von welchen wir die vornehmsten nunmehr anführen
wollen, haben besondere und sehr merkwürdige Eigenschaften.

Das **Roheisen,** d. i. das durch die Wirkung eines
heftigen Feuers zuerst ausgeschmolzene Eisen ist sehr hart
und brüchig, so daß man ihm weder durch den Hammer,
noch durch die Feile, eine verlangte Gestalt geben kann.

Das **Stangeneisen** (hämmerbare, streckbare,
Schmiedeeisen) entsteht aus dem Roheisen, wenn man
dasselbe einige Stunden lang im Roth- oder noch besser
im Weißglühen einem starken Luftzuge aussetzet, wobey es
zugleich mit schweren Hämmern in verschiedenen Richtungen gehämmert wird. Merkwürdig ist es, daß bey diesem Verfahren eine Menge flüssiger Materie aus dem
Eisen kömmt, welche nach dem Erkalten die Gestalt einer
schwarzen Asche, der sogenannten Feinbrennerasche annimmt.

Das Stangeneisen ist von doppelter Art, entweder
rothbrüchiges, welches sich zwar kalt hämmern läßt,
aber im Glühen brüchig wird, oder **kaltbrüchiges,** welches sich glühend unter dem Hammer streckt, kalt aber
brüchig ist.

Der **Stahl** wird aus dem Eisen dadurch bereitet,
daß man dasselbe einige Stunden lang einem starken Feuer

aussetzet, und zugleich mit Körpern umringt, welche viel
Brennbares enthalten, dergleichen die Steinkohlen, öllich-
ten Substanzen u. d. gl. sind. Man glaubt daher insgemein, das Eisen werde bloß dadurch in Stahl verwandelt, weil es eine größere Menge von Brennstof oder von
dem sogenannten Phlogiston erhalte; es giebt aber auch
eine Art von streckbarem Eisen, welche nie zu Stahl werden kann, und einige einsichtsvolle Chymiker haben mich
belehret, daß dies lediglich von dem Mangel eines Halbmetalls, des sogenannten Braunsteins, herrühre. Sie
haben gefunden, daß dasjenige Eisen, woraus sich Stahl
bereiten läßt, etwas Braunstein enthält, da hingegen dasjenige, welches sich nicht in Stahl verwandlet, von aller
Beymischung dieses Halbmetalls völlig frey ist.

Durch den Uebergang von Eisen zu Stahl wird das
Gewicht des Metalls gar nicht, oder doch nur sehr wenig
vermehrt; es erlangt aber dadurch einige merkwürdige
Eigenschaften. Der Stahl ist gewöhnlich härter, als das
streckbare Eisen; er läßt sich kalt, aber noch weit besser
glühend, hämmern, er läßt sich schmelzen und kann verschiedene Grade der Härte annehmen. Das Hämmern
härtet ihn bis auf einen gewissen Grad; wenn man ihn
aber glühet und in diesem Zustande in kaltes Wasser, oder
eine andere kalte Flüssigkeit taucht, worinn er plötzlich er-
kaltet, so wird er ausnehmend hart und brüchig, so daß er
sich weder hämmern noch feilen läßt; und je größer der
Unterschied zwischen seiner Hitze und der Temperatur der
Flüssigkeit ist, in welche er getaucht wird, desto größer ist
auch der Grad der Härte, den er erhält. Wenn aber
der Stahl auf diese Art gehärtet worden ist, so kann man
ihn wieder bis auf einen erforderlichen Grad erweichen,
wenn man ihn einem gehörigen Grade der Hitze aussetzt.
Dieses Erweichen ist mit einer allmähligen Veränderung
der Farbe begleitet, welche jedoch bloß auf der Oberfläche
haftet, gleichwohl aber nicht anders weggebracht werden
kann, als durch Feilen oder Schaben mit Werkzeugen, die

etwas vom Metalle wegnehmen. Wenn nemlich das gehärtete Stück Stahl auf ein glühendes Eisen gelegt, oder
auf andere Art erhizt wird, so nimmt es zuerst eine röthliche,
dann eine gelbliche oder Strohfarbe an, welche nach und
nach dunkler wird, und ins blaue und dunkelblaue
übergeht, bis der Stahl rothglühend wird. Nimmt
man nun den Stahl aus der Hitze gerade zu der
Zeit, wenn er die Strohfarbe hat, so ist er ein wenig erweicht und eben geschickt, zu Spitzen und Schneiden
von Klingen und andern Werkzeugen zu dienen; daher
heißt dieser Grad der Erweichung die Schneidehärte.
Nimmt man ihn aus der Hitze, sobald er blau wird, so ist
er gerade so viel erweicht, daß er zu Federn dienen kann;
daher dieser Grad die Federhärte heißt. Hat man endlich den Stahl vor dem Wegnehmen bis zum Glühen
kommen lassen, so hat er alle durch das vorhergehende
Verfahren erlangte Härte verlohren.

Durch wiederholtes Härten und Erweichen wird der
Stahl immer ungeschickter zu feinen Arbeiten: aber auch
in ganz frisch gehärtetem Stahle findet sich eine große Verschiedenheit, und man hält diejenige Sorte für die beste,
welche auf dem Bruche ein feines, gleichförmiges und
silberartiges Korn zeigt.

In allen den angeführten Arten und Zuständen ist
das Eisen einer Verkalkung, d. i. einer Verwandlung in
Rost fähig, und kann also auch in verschiedene mittlere
Zustände zwischen dem völlig metallischen und dem Zustande eines gelben Kalks treten. Nach der gewöhnlichen
Meinung wird diese Veränderung durch den Verlust des
brennbaren Stofs bewirkt; es wird auch in der That der
Eisenkalk, wenn er mit Kohlenstaub oder einer andern
viel Brennbares enthaltenden Substanz umgeben, einem
starken Feuer ausgesezt wird, wieder zu Eisen reducirt.

Im folgenden werde ich der Kürze wegen alle angeführte Arten und Zustände des Eisens unter die allgemeine

Benennung der eisenartigen Substanzen zusammen-
nehmen, und nur im erforderlichen Falle die Beywörter
metallisch oder verkalkt hinzusetzen.

Bey der Verkalkung dieses sowohl als der übrigen
Metalle zeigt sich die merkwürdige Erscheinung, daß das
Metall durchs Verkalken am Gewichte zunimmt, der
Kalk hingegen durch die Wiederherstellung zu Metall am
Gewichte verliert. Man hat bemerkt, daß 100 Gran
brauner Eisenkalk ohngefehr 85 Gran Eisen geben; 100
Gran gelber Eisenkalk hingegen geben nur etwa 75 Gran
Eisen: und Eisen von den bemerkten Gewichten giebt wie-
derum 100 Gran braunen oder gelben Kalk.

Man hat gefunden, daß diese Vermehrung des Gewichts von einer gewissen beständig elastischen Materie
oder Luftgattung herkömmt, welche sich mit dem Kalke
in größerer oder geringerer Quantität verbindet, je vollkommner oder unvollkommner die Verkalkung ist; da hingegen die Verminderung des Gewichts bey der Reduction
des Kalks zu Metall von dem Verluste eben dieser elastischen Materie herrührt. Aus diesen Gründen haben einige scharfsinnige Naturforscher geschlossen, daß die Verkalkung der Metalle und die Wiederherstellung derselben
aus den Kalken mit dem Brennstoffe oder Phlogiston der
Chymiker gar nicht in Verbindung stehe; sondern blos
aus dem Weggehen und Hinzukommen der gedachten elastischen Materie zu erklären sey. — Beyderley Meinungen haben verschiedene Gründe und Versuche für sich; da
mir aber die Absicht und die Grenzen des gegenwärtigen
Werks nicht erlauben, mich hierüber zu verbreiten, so
muß ich diejenigen Leser, welche diese Materie weiter untersuchen wollen, auf andere Schriften verweisen, woraus sie sich nicht allein über die erwähnte Materie, sondern auch über die besondern Eigenschaften der elastischen
Flüssigkeiten, welche man aus den Auflösungen des Ei-

fens erhält, und über andere dieses nutzbare Metall betreffende Umstände, belehren können. *)

Die metallischen eisenartigen Substanzen lassen sich
in allen Säuren auflösen, wiewohl nicht mit gleicher Leichtigkeit. Setzt man einen zusammenziehenden Pflanzen-
saft hinzu, so wird die Auflösung schwarz; thut man
aber ein phlogistisirtes Alkali hinzu, so wird sie blau.

Der natürliche Magnet ist ein Eisenerz, und enthält mehr Eisen, entweder im metallischen Zustande, oder
doch nicht sehr dephlogistisirt, als die meisten übrigen Eisenerze. Inzwischen, obgleich jeder Magnet etwas
metallisches Eisen enthält, so folgt doch nicht, daß jedes
Erz, welches Eisen in diesem Zustande enthält, magnetisch sey; man hat viele Eisenerze gefunden, welche allen Anschein guter Magnete hatten, und doch keine magnetischen Eigenschaften zeigten. **)

Außer den Eisentheilen enthalten die natürlichen
Magnete oft auch Quarz, Thon, und wahrscheinlich etwas Schwefel, weil sie beym Glühen insgemein einen Schwefelgeruch geben; überdies findet man darin
auch noch andere Substanzen, wiewohl nicht so häufig als
die vorerwähnten.

In Absicht auf die specifische Schwere sind die Magnete nach Verhältniß und Beschaffenheit der mit dem

---

*) Man sehe die Hist. de l'Acad. seit 1778. Priestley's
Versuche und Beobachtungen über die verschiednen Gattun-
gen der Luft, a. d. Engl. Wien 1778 — 80. 8. Roziers
Journal de Phys. Sept. 1786, Cavallo Abhandl. von der Luft
und den beständig elastischen Materien, a. d. Engl. Leipzig
1783, gr. 8.

**) Einige alte Schriftsteller erwähnen gewisser Magnete,
die auf dem Wasser schwimmen sollen. Da das Eisen so
häufig durch die ganze Natur vertheilt ist, so können vielleicht einige leichte schwammige vulkanische Producte eine
Menge Eisentheilchen mit Spüren von Magnetismus enthalten, um deren willen man dem Ganzen den Namen Magnet
gegeben hat.

eisenartigen Theile vermischten andern Ingredienzien verschieden; gewöhnlich aber sind sie etwa siebenmal schwerer, als destillirtes Wasser.

Ihre Farbe ist mehrentheils dunkelbräunlich-schwarz,
obgleich die Beymischung fremdartiger Substanzen und
der Zustand des darin enthaltnen Eisens oft beträchtliche
Verschiedenheit veranlasset. Die arabischen Magnete
sind röthlich, die macedonischen schwärzlich, und die un-
garischen, deutschen, englischen und italiänischen haben
mehrentheils die Farbe des frischen Eisens.

Die Härte der Magnete ist gerade so groß, daß sie
mit dem Stahle Feuer geben; aber es ist ungemein
schwer, sie abzudrehen oder zu feilen.

Insgemein sind die Magnete von feinem dichten
Korn die stärksten und behalten die Kraft länger, als die
grobkörnichten, auch sogar länger, als die künstlichen
Magnete von Stahl.

Man findet sie in mehrern Ländern und fast in allen
guten Eisengruben. In Europa werden sie häufig in den
deutschen Eisengruben, auf den Apenninen, in Frankreich,
auf den Inseln des mittelländischen Meeres, in Großbri-
tannien und an andern Orten angetroffen. Auch in Asien
finden sich viel Magnete; es giebt deren auch in den übrigen Welttheilen, wiewohl nicht so häufig; vielleicht hat
man nur aus Mangel an mehrerer Untersuchung deren
nicht so viel, als in Europa und Asien, gefunden. —
Man findet sie auch von allerley Gestalt und Größe.

Drittes Capitel.
Von dem magnetischen Anziehen und Zurückstoßen.

Die bis hieher entdeckten Arten der Anziehung lassen sich
auf fünf verschiedene Classen bringen. Die erste
ist die Anziehung der allgemeinen Schwere oder Gravitation, d. i. die Kraft, durch welche die Körper gegen

den Mittelpunct der Erde fallen, und die großen Welt-
körper in unserm Planetensystem in ihren Bahnen erhalten werden. Die zweyte ist die Anziehung der Cohäsion,
welche statt findet, wenn die Theile der Körper in genaue
Berührung kommen, wenn z. B. zwo glatte und ähnliche
Flächen von Metall, Glas, Marmor oder andern Materien an einander gedrückt werden. Die dritte ist die
chymische Anziehung oder Verwandschaft, welche eine
innige Vermischung und Veränderung zwoer oder mehrerer verschiedenen Substanzen veranlasset. Sie erfordert
eine unmittelbare Berührung der Theile der Körper. Von
dieser Art ist die Anziehung zwischen Säuren und Alkalien,
Säuren und Metallen u. s. w. Die vierte ist die elektrische Anziehung, welche sich an allen elektrisirten Körpern zeigt, auf Substanzen von aller Art wirkt, und ihren Wirkungskreis auf eine beträchtliche Weite ausbreitet.
Die fünfte endlich ist die magnetische Anziehung, welche
blos auf das Eisen, oder auf solche Körper wirkt, welche
Eisen in einem oder dem andern Zustande enthalten; wodurch man denn, außer noch andern besondern Kennzeichen diese Art der Anziehung leicht von den übrigen unterscheiden kann.

Bringt man ein Stück Eisen, Stahl, oder einen
andern eisenartigen Körper, bis auf eine gewisse Entfernung, an den einen Pol eines Magnets, so wird es von
demselben so angezogen, daß es an dem Magnete hängen
bleibt, und sich nicht ohne merkliche Kraft von demselben
trennen läßt. Diese Anziehung ist wechselseitig; das Eisen zieht den Magnet eben so sehr, als der Magnet das
Eisen; denn wenn man beyde auf Holz legt, und auf
dem Wasser schwimmen läßt, so findet man, daß sich
das Eisen dem Magnete eben so sehr, als dieser jenem,
nähert; und wenn das Eisen befestiget ist, so fährt der
Magnet auf dasselbe zu.

Die Stärke oder der Grad der magnetischen Anziehung verändert sich nach verschiednen Umständen; wenn

sich nach der Stärke des Magnets, nach dem Gewichte und der Gestalt des dagegen gehaltenen Körpers, nach dem magnetischen oder unmagnetischen Zustande dieses Körpers, nach seiner Entfernung vom Magnet, u. s. w. Diese Umstände wollen wir nun der Reihe nach untersuchen.

Der Magnet zieht ein Stück weiches und reines Eisen stärker an, als irgend einen andern eisenartigen Körper von gleicher Gestalt und Schwere. Die Eisenerze, unter welche der natürliche Magnet mit gehöret, werden stärker oder schwächer angezogen, je nachdem sie eine größere oder geringere Anzahl metallischer Theilchen enthalten, je nachdem diese Theilchen in einem mehr oder weniger vollkommnen metallischen Zustande, und nachdem sie von weicherer oder härterer Beschaffenheit sind; alle Eisenerze aber, sowohl als hartes Eisen und Stahl, werden schwächer, als weiches Eisen, angezogen.

Bringt man ein Stück Eisen nach und nach gegen verschiedene Theile der Oberfläche eines Magnets, so wird man an den Polen desselben (d. i. an denjenigen Theilen der Oberfläche, welche, wenn der Magnet frey hängt, sich gegen Mitternacht und Mittag kehren) die Anziehung am stärksten finden; sie wird schwächer, je weiter der Theil der Oberfläche, gegen den man das Eisen hält, von den Polen entfernt ist; und an denjenigen Theilen, welche von beyden Polen gleich weit abstehen, ist nur sehr wenig oder gar keine Anziehung zu bemerken.

Nahe an der Oberfläche des Magnets ist die Anziehung am stärksten, und nimmt ab, je weiter man sich davon entfernet. Bringt man z. B. ein Stück Eisen in Berührung mit einem Pole eines Magnets von gnugsamer Stärke, so hängen beyde an einander an, und es wird eine gewisse Kraft erfordert, um sie zu trennen; hält man aber eben dasselbe Stück Eisen einen Zoll weit von eben diesem Pole des Magnets ab, so bemerkt man

zwar ebenfalls ein Beſtreben, daſſelbe anzuziehen; aber
die Kraft, welche erfordert wird, das Eiſen zurückzuhal-
ten, damit es nicht an den Magnet hinfahre, iſt weit geringer, als diejenige, welche man im erſten Falle nöthig
hatte, um es davon zu trennen; und hält man das Eiſen
noch weiter, als um einen Zoll, ab, ſo iſt die Anziehung
noch ſchwächer u. ſ. f.

Obgleich die Anziehung zwiſchen dem Magnet und
dem Eiſen und andern eiſenhaltigen Körpern in einer geringern Entfernung ſtärker, als in einer größern, iſt, ſo
hat man doch das Geſetz, nach welchem ſich dieſe Abnahme richtet, aller wiederholten Bemühungen der gröſten
Phyſiker und Mathematiker ungeachtet, noch nicht beſtimmen können. Man weiß z. B. noch nicht, ob in einer gegebnen Diſtanz, die Anziehung eines Magnets
überhaupt zweymal, dreymal oder in irgend einem andern Verhältniſſe größer ſey, als in einer doppelt ſo groſ-
ſen Diſtanz. Zwar ſollte man aus der Aehnlichkeit mit
andern Wirkungen, deren Stärke, wenn ſie ſich von einem Mittelpuncte aus nach allen Seiten verbreiten, im
umgekehrten Verhältniſſe des Quadrats der Entfernung
abnimmt, vermuthen, daß die magnetiſche Anziehung
eben dieſem Geſetze folgen werde; aber die Erfahrung be-
ſtätiget dieſes nicht. Mehrere genaue Verſuche, von
verſchiedenen Naturforſchern angeſtellt, haben ganz verſchiedene Reſultate gegeben. Bey einigen ſchien die Anziehung ziemlich regelmäßig im umgekehrten Verhältniſſe
der Entfernungen ſelbſt abzunehmen; bey andern aber
nahm ſie weit ſchneller, oder auch bey verſchiedenen Entfernungen in ganz andern Verhältniſſen ab, ſo daß man
weiter keine allgemeine Folge daraus ziehen kann, als
nur dieſe, daß die magnetiſche Anziehung nicht langſa-
mer, als im umgekehrten Verhältniſſe der Entfernung,
abnimmt, d. h. daß ſie in der doppelten Entfernung nur
halb ſo ſtark, oder eher noch ſchwächer, in der dreyfachen,

Entfernung nur ein Drittel, oder noch schwächer, u. s. f.
ist. *)

Um dem Leser einen Begriff von der erwähnten
Unregelmäßigkeit der magnetischen Anziehung, und von
den Entfernungen selbst, bis auf welche sie sich erstreckt,
zu geben, will ich vier Versuche beyfügen, welche der gelehrte Naturforscher Musschenbroek **) mit vieler Genauigkeit angestellet hat.

1 Versuch. Ein Magnet von cylindrischer Gestalt, 2 Zoll lang und 16 Drachmen schwer, ward an
die eine Schale einer genauen Wage gehangen, und unter denselben ward auf den Tisch ein eiserner Cylinder von
eben derselben Gestalt und Größe gesetzt. Nach diesen
Vorbereitungen ward der eiserne Cylinder nach und nach
in verschiedene Entfernungen von dem Magnete gebracht,
und in jeder Entfernung die Stärke der Anziehung zwischen Eisen und Magnet durch Gewichte bestimmt, welche
in die andere Wagschale gelegt wurden. Die Resultate
waren folgende:

Entfernung in Zollen.	Anziehung in Granen.
6	3
5	$3\frac{1}{2}$
4	$4\frac{1}{2}$
3	6
2	9
1	18
0	57.

II Versuch. Ein Magnet in Gestalt einer Kugel
von 2 Zoll im Durchmesser, welcher etwas stärker als der

---

*) Aus einigen in der Folge anzuführenden Versuchen
mit Magnetnadeln scheint zu folgen, daß die Anziehung im
umgekehrten Verhältnisse des Würfels der Entfernung abnimmt.

**) Man s. dessen Introd. in Philos. nat. Cap. XIX.

vorige war, ward an die Wagschale gehangen; der vorige
cylindrische Magnet aber auf den Tisch gestellt, mit auf
wärts und gegen den Nordpol des sphärischen Magnets
gekehrtem Südpole. In dieser Stellung des Apparats
fanden sich folgende Anziehungen:

Entf. in Zollen.			Anz. in Granen.
6	=	=	21
5	=	=	27
4	=	=	34
3	=	=	44
2	=	=	64
1	=	=	100
0	=	=	200.

III Versuch. Statt des cylindrischen Magnets
ward der eiserne Cylinder auf den Tisch und unter den kugelförmigen Magnet gestellt. Das Resultat war folgendes:

Entf. in Zollen.			Anz. in Granen.
6	=	=	7
5	=	=	$9\frac{1}{4}$
4	=	=	15
3	=	=	25
2	=	=	45
1	=	=	92
0	=	=	340. *)

IV Versuch. Statt des eisernen Cylinders ward
eine eiserne Kugel von gleichem Durchmesser mit dem sphärischen Magnete auf den Tisch gestellt, und nun fand man
die Anziehungen, wie folget:

*) Eben dieser Magnet zog einen kürzern eisernen Cylin-
der mit geringerer Kraft, aber nach eben denselben Verhält-
nissen an.

Entf. in Zollen.	Anz. in Granen.
8	1
7	2
6	$3\frac{1}{2}$
5	6
4	9
3	16
2	30
1	64
0	290

Aus dem zweyten und dritten Versuche sieht man, daß der Magnet bey unmittelbarer Berührung einen andern Magnet nicht so stark, als ein Stück Eisen, anziehet. Dies haben auch viele andere Versuche bestätiget. Aber die Anziehung zwischen zween Magneten fängt in einer größern Entfernung an, als die zwischen Magnet und Eisen; daher muß auch das Gesetz des Abnehmens in beyden Fällen verschieden seyn.

Die Anziehung zwischen einem gegebenen Magnet und einem Stück Eisen ist einer Veränderung unterworfen, welche sich nach der Gestalt und dem Gewichte des Eisens richtet; es giebt dabey eine gewisse Grenze, bey welcher es der Magnet stärker anzieht, als er ein größeres oder kleineres anziehen würde; man kann aber diese vortheilhafteste Schwere und Größe des Eisens nicht anders als durch wirkliche Versuche bestimmen, weil sie sich nach der verschiedenen Natur, Stärke und Gestalt des Magnets sowohl, als des Eisens, richtet.

Die magnetische Anziehung findet zwischen dem Magnet und solchen eisenartigen Körpern, welche vorher nicht magnetisch waren, oder auch zwischen den ungleichnamigen Polen zweener Magnete statt; bringt man aber zween Magnete mit ihren gleichnamigen Polen gegeneinander, so ziehen sie sich nicht an, sondern stoßen vielmehr einander zurück. Inzwischen trägt es sich dennoch oft zu,

B

daß zween Magnete einander anziehen, wenn gleich ihre
Nordpole neben einander und auch ihre Südpole neben
einander gestellt werden, und bisweilen zeigen sie unter
diesen Umständen weder Anziehung noch Repulsion.

Um diesen scheinbaren Widerspruch erklären zu können, müssen wir zuförderst noch eines andern Phänomens
gedenken, welches sich zeigt, wenn man ein Stück Eisen
gegen den Magnet bringt; woraus sich noch sehr viele andere sonst unerklärbare Erscheinungen in der Lehre vom
Magnete herleiten lassen.

Dieses Phänomen ist kürzlich folgendes. Wenn
man ein Stück Eisen oder eine andere eisenartige Substanz dem Magnete bis auf eine gewisse Entfernung nähert, so wird es selbst ein Magnet, bekömmt seine Pole,
seine anziehende Kraft, und jede andere Eigenschaft eines
wirklichen Magnets. Derjenige Theil nemlich, welcher
dem Magnete am nächsten ist, bekömmt eine demselben
entgegengesetzte Polarität: wenn z. B. ein längliches
Stück Eisen A B in die gehörige Entfernung von einem
Magnete so gestellt wird, daß das Ende A gegen den
Nordpol des Magnets kömmt, so wird dieses Ende A
der Südpol und das andere Ende B der Nordpol des Eisens. Durch die Versuche im dritten Theile dieses Werks
wird dieses Gesetz sehr deutlich bestätiget werden.

Diese magnetischen Eigenschaften, welche die Körper erhalten, wenn sie in den Wirkungskreis eines Magnets gebracht werden, erhalten sich in dem weichen Eisen nur so lange, als dasselbe in dem gedachten Wirkungskreise bleibt, und hören sogleich auf, wenn es aus der Nachbarschaft des Magnets entfernt wird. Beym gehärteten
Eisen aber, und besonders beym Stahle, ist der Fall ein
ganz anderer; je härter das Eisen oder der Stahl ist,
desto länger erhält sich der im Wirkungskreise eines Magnets ihm mitgetheilte Magnetismus; es ist aber auch in
eben dem Verhältnisse schwerer, ihm die magnetischen
Eigenschaften mitzutheilen. Werden z. B. ein Stück

weiches Eisen und ein Stück harter Stahl von gleicher
Größe und Gestalt, in den Wirkungskreis eines Magnets,
auf einerley Entfernung, gestellet, so wird man das Eisen weit mehr magnetisch finden, als den Stahl; nimmt
man aber den Magnet hinweg, so wird das Eisen seinen
Magnetismus augenblicklich verlieren; der härtere Stahl
hingegen wird ihn noch eine lange Zeit behalten.

Aus diesen Beobachtungen fließen zwo sehr deutliche Folgerungen; die erste, daß die Anziehung nie anders, als zwischen ungleichnamigen Polen zweener Magnete statt findet: denn das Eisen, oder der eisenartige
Körper, den man gegen den Magnet hält, muß erst
selbst ein Magnet werden, ehe er angezogen wird; die
zweyte, daß ein Magnet das weiche Eisen darum stärker, als das harte, und weit stärker, als den Stahl anzieht, weil das harte Eisen, und vorzüglich der harte
Stahl, gegen den Magnet gehalten, nicht so stark magnetisch wird, als das weiche Eisen.

Nunmehr können wir wiederum auf das magnetische
Zurückstoßen kommen und zeigen, wie es zugehe, daß
die gleichnamigen magnetischen Pole einander bald zurückstoßen, bald anziehen, bald gar nicht auf einander wirken.

Zwar bleibt das Gesetz, daß sich das Zurückstoßen
nie anders, als zwischen gleichnamigen magnetischen Polen und fast eben so stark, als die Anziehung zwischen den
ungleichnamigen, äußert, fest und unveränderlich. Allein es geschieht oft, daß ein Magnet, wenn er stärker,
als der andere, ist, die Pole des leztern eben so ändert,
wie er ein anderes seinem Wirkungskreise ausgesetztes
Stück Eisen magnetisch macht. In diesem Falle scheinen
sich die gleichnamigen magnetischen Pole anzuziehen; allein es ist dies in der That eine Anziehung zwischen ungleichnamigen Polen, weil der eine davon wirklich verändert und in einen entgegengesetzten verwandelt worden ist.
Man setze z. B. einen starken Magnet mit seinem Nordpole sehr nahe an den Nordpol eines schwachen Magnets;

so werden beyde einander nicht zurückstoßen, sondern anziehen, weil derjenige Theil des schwachen Magnets, welcher vorher der Nordpol war, durch die Wirkung des starken Magnets in einen Südpol verwandelt worden ist.

Da Körper, welche schon magnetisch sind, dem Einflusse eines andern Magnets nicht so gar leicht nachgeben (weil sie, ihrer Härte wegen immer fähig bleiben, ihren Magnetismus zu behalten), und da die Kraft des Magnets desto mehr abnimmt, je größer der Abstand von seiner Oberfläche wird, so folgt, daß, wenn der Nord- oder Südpol eines schwachen Magnets von einer beträchtlichen Entfernung her dem gleichnamigen Pole eines starken Magnets nach und nach genähert wird, der Pol des schwachen Magnets sich nicht so gar leicht verändern lasse; daher denn über eine gewisse Entfernung hinaus (nemlich ehe der gedachte Pol verwandelt wird) beyde Magnete einander zurückstoßen müssen; dagegen, wenn der schwache Magnet dem starken so nahe kömmt, daß sein Pol sich zu verwandlen anfängt, weder Anziehen noch Zurückstoßen statt finden kann; und endlich, wenn beyde Magnete einander noch mehr, als diese Grenze austrägt, genähert werden, der Pol des schwachen wirklich verwandelt wird, und eine Anziehung erfolgen muß.

Diesen Bemerkungen zufolge wird der scharfsinnige Leser sich leicht vorstellen können, daß die Abnahme der Repulsion zwischen gleichnamigen magnetischen Polen wenigstens eben so viel, wo nicht noch mehr Unregelmäßigkeit zeigen muß, als die Abnahme der Anziehung in verschiedenen Entfernungen. Man übersieht auch leicht, daß man auf sehr vielerley Umstände Achtung geben muß, wenn man das Gesetz dieses Abnehmens untersuchen will.

Weder das Anziehen noch das Zurückstoßen des Magnets wird durch dazwischengestellte Körper merklich geändert, von welcher Art auch diese Körper seyn mögen, wofern sie nur nicht Eisen sind, oder überhaupt Eisen enthalten. Gesetzt, wenn ein Magnet einen Zoll weit von einem Stück Eisen absteheet, so sey eine Unze Kraft nöthig, um das letztere von dem erstern zu entfernen, oder, was eben so viel ist, die Anziehung beyder sey einer Unze gleich; so wird man immer noch eben diesen Grad der Anziehung unverändert finden, wenn gleich eine Platte von anderm Metall, oder von Glas, ein Papier, oder irgend ein anderer Körper zwischen den Magnet und das Eisen gestellt wird, oder wenn gleich beyde in besondere Kästchen von Glas oder anderer Materie eingeschlossen werden. Kurz, kein anderer Körper, als Eisen, oder was Eisen in metallischem Zustande enthält, kann das magnetische Anziehen und Zurückstoßen merklich ändern.

Die Wärme schwächt die Kraft des Magnets, und die Glühhitze zerstört sie gänzlich oder doch größtentheils. Schon darum allein, außer andern noch dazu kommenden Ursachen, muß man die Kraft der Magnete stets veränderlich finden.

Man kann die anziehende Kraft eines Magnets sehr beträchtlich verstärken, wenn man ihm nach und nach immer mehr Gewicht anhängt. Man wird auf diese Art finden, daß er den folgenden Tag immer etwas mehr, als am vorhergehenden, zu erhalten vermag; wenn man nun diesen Zusatz von Gewicht am folgenden Tage, oder einige Zeit hernach, hinzuthut, so findet man bald, daß er noch mehr zu erhalten vermögend sey, und so kann man immer weiter bis zu einer gewissen Grenze fortfahren.

Im Gegentheile kann der Magnet durch eine unschickliche Lage oder Stellung, oder durch allzuwenig angehangnes Gewicht, nach und nach viel von seiner Stärke verlieren.

Einige Schriftsteller haben behaupten wollen, daß in den nördlichen Welttheilen der Nordpol eines Magnets gewöhnlich etwas stärker, als der Südpol anziehe; da hingegen in den Südländern der Südpol der Magnete

eine ſtärkere anziehende Kraft äußere. Es iſt aber dieſes
Geſetz noch nicht hinlänglich erwieſen.

Wenn man ein Stück Eiſen von einiger Größe an
den einen Pol eines Magnets hält, ſo wird dadurch die
Anziehung des andern Pols verſtärkt, ſo daß derſelbe fähig wird, ein größeres Gewicht zu tragen.

Man hat bemerkt, daß unter den natürlichen Magneten die kleinſten gemeiniglich, im Verhältniß ihrer
Größe, mehr Anziehungsvermögen beſitzen, als die gröſ-
ſern. Oft haben natürliche Magnete, welche nicht über
20 bis 30 Gran wogen, eiſerne Gewichte gehalten, welche 40 bis 50 mal ſchwerer, als ſie ſelbſt, waren. Man
erzählt von einem in einen Ring gefaßten Magnete, welcher nur 3 Gran wog, und doch 746 Grän, oder beynahe das 250 fache ſeines eignen Gewichts aufheben konnte; und ich ſelbſt habe einen geſehen, der nicht über 6 bis
7 Gran wiegen konnte, und doch ein Gewicht von beynahe 300 Gran zu heben vermögend war. Die Magnete
von zwey Pfund hingegen tragen ſelten mehr Eiſen, als
etwa das 10 fache ihres eignen Gewichts.

Es fügt ſich oft, daß ein natürlicher Magnet, den
man aus einem großen Magnetſteine ausgeſchnitten hat,
ein größeres Gewicht zu tragen vermag, als der urſprüng-
liche große Magnetſtein, aus dem er geſchnitten iſt, ſelbſt.
Dies muß man aus den heterogenen Beſtandtheilen der
großen Magnetſteine erklären; denn geſetzt, daß ein Theil
des Steins eine große Menge reines und ſtark magneti-
ſches Metall enthält, der übrige Theil aber unrein und
mit andern Subſtanzen vermiſcht iſt, ſo ſieht man leicht,
daß der unreine Theil nur die Wirkung des reinen hindert, und daher der letztere von dem übrigen abgeſondert
ſtärker, als das Ganze zuſammen, wirken muß.

Da beyde magnetiſche Pole zuſammen weit mehr
Gewicht ziehen, als einer allein; gleichwohl aber die beyden Pole eines Magnets ſich gemeiniglich an entgegengeſetzten Stellen der Oberfläche befinden, bey welcher Lage

es faſt unmöglich iſt, ein Stück Eiſen an beyde zugleich zu bringen; ſo pflegt man insgemein zwey breite Stücken weiches Eiſen an die Pole des Magnets anzulegen, und beyde bis an einerley Seite deſſelben fortgehen zu laſſen. In dieſem Falle werden beyde Stücken Eiſen ſelbſt magnetiſch, und man kann nun dasjenige, was angezogen werden ſoll, an ihre auf einerley Seite befindlichen Enden anlegen, ſo daß beyde Pole zugleich darauf wirken. Insgemein werden dieſe Stücken Eiſen durch eine meſſinge oder ſilberne Faſſung an den Magnet befeſtiget. Man nennt den Magnet in dieſem Falle **armirt** oder **bewafnet**, und die eiſernen Stücken ſelbſt ſeine **Armatur** oder **Bewafnung**.

Taf. I. Fig. 1. ſtellet A B den Magnet ſelbſt, CD, CD die Armatur oder die eiſernen Platten vor, an deren Verlängerungen D, D das Eiſen F angezogen und erhalten wird. Der punktirte Theil ECDCD iſt die meſſingne Büchſe oder Faſſung mit dem Ringe E am obern Theile, an welchem der armirte Magnet aufgehangen werden kann. Auf dieſe Art wird es bewirkt, daß die beyden bey A und B befindlichen Pole des Magnets bey D und D wirken, wo das geradlinigt geformte Stück Eiſen F ſehr bequem angelegt werden kann.

In gleicher Abſicht, und um die Armatur zu vermeiden, giebt man den künſtlichen Magneten die Geſtalt eines Hufeiſens, in deſſen abgeſtumpften Enden die Pole liegen; daher dieſelben mehr, als die geradlinigten magnetiſchen Stäbe, zu wirken vermögend ſind.

Viertes Capitel.

Von der Polarität des Magnets.

Es iſt ein unveränderliches Geſetz in der Lehre vom Magnet, daß es keinen Magnet ohne Süd- und Nordpol giebt; oft aber hat auch ein Magnet mehr als zween

Pole, deren einige Nord- und die übrigen Südpole sind.
Die Ursache dieser Mehrheit der Pole liegt theils in der
Gestalt, theils in der heterogenen Beschaffenheit der Magnete. Man kann die Anzahl und Lage der Pole eines
Magnets nicht anders, als durch wirkliche Versuche, entdecken; die Methode, sie zu bestimmen, ist diese, daß
man die verschiedenen Theile der Oberfläche des zu untersuchenden Magnets nach und nach gegen den einen Pol
eines andern frey aufgehangnen Magnets hält; denn diejenigen Theile, welche den letztern zurückstoßen, haben
mit demselben einerley, diejenigen aber, welche ihn anziehen, haben eine verschiedene Polarität. Wird der Magnet z. B. gegen den Nordpol eines andern freyhängenden
gehalten, so haben diejenigen Theile des erstern, welche
den letztern zurückstoßen, eine nördliche, und diejenigen,
welche ihn anziehen, eine südliche Polarität.

In Absicht auf die Magnete von mehr als zwey
Polen hat man zwey Gesetze zu bemerken. Das erste ist,
daß die um einen Pol herum liegenden Theile eine entgegengesetzte Polarität haben; das andere, daß die Anzahl
der gleichnamigen Pole eines Magnets der Anzahl derer,
die den entgegengesetzten Namen führen, entweder gleich,
oder doch nur um eins davon verschieden ist. Hat z. B.
ein Magnet vier Südpole, so hat er entweder vier, oder
drey oder fünf Nordpole.

Gute Magnete von gleichförmiger Structur und gehöriger Gestalt, haben nur zween Pole, und diese liegen
an entgegengesetzten Stellen der Oberfläche; so daß eine
Linie von einem zum andern gezogen durch den Mittelpunct des Magnets gehet. *)

---

*) Dies ist nicht so zu verstehen, als ob die Polarität ei-
nes Magnets sich blos in zween Puncten desselben zeigte;
denn in der That hat die ganze Hälfte, oder wenigstens ein
großer Theil des Magnets die eine Polarität, d. i. das Vermögen, den gleichnamigen Pol eines andern Magnets zurückzustoßen; der übrige Theil aber hat die andere Polarität: und

Bey solchen Magneten heißt die Linie zwischen beyden Polen die Axe und der Durchschnitt der Oberfläche des Magnets mit einer durch die Mitte der Axe gehenden und auf derselben lothrecht stehenden Ebne, der Aequator des Magnets. Die Naturforscher scheinen dem Magnete, zur Nachahmung der Erdkugel, Pole, Aequator und Meridian beygelegt zu haben: oft hat man auch, um die Aehnlichkeit noch höher zu treiben, den Magneten die Gestalt einer Kugel gegeben, und die Pole nebst dem Aequator auf der Oberfläche bemerkt. Solche Magnete hat man **Terrellen, d. i. kleine Erdkugeln** genannt.

Wird ein Magnet in zwey oder mehrere Stücken zerbrochen, so ist jedes Stück für sich ein vollkommner Magnet, und hat zween, oft auch mehrere Pole. Doch hat nicht allezeit jedes Stück einerley Anzahl von Polen. Insgemein, wiewohl nicht immer, sind die Pole der Bruchstücke übereinstimmend mit den Polen, welche im ursprünglichen ganzen Magnete ihnen am nächsten lagen.

Wenn ein Magnet sich frey bewegen kann, wie z. B. wenn er an einem feinen Faden aufgehangen wird, oder an ein Holz befestiget auf dem Wasser schwimmt, oder auf einer Spitze im Gleichgewichte liegt, und durch kein benachbartes Eisen gestöret wird, so richtet er sich von selbst so, daß er seinen Nordpol gegen Mitternacht, und seinen Südpol gegen Mittag kehret. Ueberdies neigt er sich auch mit dem einen Pole unter den Horizont, und erhebt sich zugleich mit dem andern über denselben. Von dieser letztern Eigenschaft, der Neigung oder Inclination, werden wir in dem folgenden Capitel handeln, und gegenwärtig bloß bey der erstern stehen bleiben.

Wenn ein frey aufgehangner Magnet nur zween Pole hat, so stellt er sich von selbst sehr leicht in den magnetischen Meridian, oder in die Verticalebne, in welche

die Pole selbst sind nur diejenigen Puncte, wo dieses Bermögen am stärksten ist.

auch andere gute Magnete ſich gewöhnlich ſtellen; hat er
aber mehr als zween Pole, ſo können dieſelben ſo liegen,
daß er ſich nicht gehörig richtet, ob er gleich die übrigen
magnetiſchen Eigenſchaften, Anziehung, Zurückſtoßen u.
ſ. w. zeiget. Geſetzt z. B. ein länglich geförmter Magnet
habe an beyden Enden eine gleich ſtarke nördliche, in der
Mitte hingegen eine ſüdliche Polarität; ſo iſt es offenbar,
daß jedes Ende ein gleiches Beſtreben äußern wird, ſich
gegen Norden zu kehren, daher keines das andere überwinden, und der ganze Magnet ſich nicht richten kann *).
Zwar trifft es ſehr ſelten zu, daß beyde Enden, wenn ſie
einerley Polarität haben, dieſelbe auch in vollkommen
gleicher Stärke beſitzen; daher wird ſich ein ſolcher Magnet, den vorhin erwähnten Fall ausgenommen, allezeit
noch richten; da aber doch der Fall ſich bisweilen bey natürlichen Magneten ereignet hat, auch durch die Kunſt, obgleich nicht ohne Schwierigkeit, hervorgebracht werden
kann, ſo muß man den Anfänger im Experimentiren davon benachrichtigen, um Irrthümern und Mißverſtändniſſen
vorzubeugen.

Dieſes Vermögen des Magnets, ſich zu richten, iſt
die bewundernswürdigſte und zugleich die nützlichſte Ei-
genſchaft dieſes Körpers. Durch ſie werden die Schiffer
in den Stand geſetzt, ihre Schiffe, weit über den Geſichts-
kreis des feſten Landes hinaus, in jeder verlangten Richtung durch weite Meere zu führen: durch ſie werden die
Bergleute bey ihren unterirdiſchen Arbeiten, und die Rei-
ſenden durch einſame ſonſt unzugängliche Wüſten geleitet.
Die gewöhnliche Methode iſt, ein längliches Stück magnetiſchen Stahl (d. i. einen künſtlichen Magnet) ſo aufzu-
legen, daß er ſich ſehr frey bewegen kann. Es wird ſich
alsdenn allezeit von ſelbſt in die Mittagsfläche, oder doch
nicht weit von derſelben ab, ſtellen, d. h. es wird ſich mit

---

*) Daß beym Entzweybrechen eines ſolchen Magnets
beyde Theile ſich ſehr leicht richten werden, iſt kaum nöthig
zu bemerken.

dem einen Ende gegen Norden und mit dem andern gegen Süden kehren. Durch Visiren nach der Richtung
dieses Magnets oder der Magnetnadel kann man nun seinen Weg so lenken, daß er mit dieser Richtung jeden gegebnen Winkel macht, oder, was eben so viel ist, daß er
in jeder verlangten Richtung nach den Weltgegenden fortgeht. Man setze z. B. ein Schiff, welches von einem gewissen Orte ausläuft, solle nach einem andern Platze gehen,
der von jenem genau westwärts liegt; so muß in diesem
Falle das Schiff so gerichtet werden, daß sein Lauf mit
der Lage der Magnetnadel allezeit einen rechten Winkel
macht, und daß das nördliche Ende der Nadel auf die
rechte, das südliche hingegen auf die linke Seite des
Schiffs zeiget; denn da die Magnetnadel von Süden
nach Norden gerichtet ist, so muß die Richtung von Osten
nach Westen, nach welcher das Schiff gehen soll, mit derselben genau einen rechten Winkel machen. Einiges
Nachdenken wird leicht zeigen, wie das Schiff in jeder andern Richtung gesteuret werden müsse.

Ein künstlicher Magnet von Stahl, zu dieser Absicht
in ein schickliches Gehäuse eingeschlossen, heißt ein
Schifscompaß, Seecompaß, oder schlechthin ein
Compaß *)

*) Die anziehende Kraft des Magnets ist schon im ent-
fernteſten Alterthume bekannt gewesen; sie wird vom Homer,
Pythagoras, Aristoteles, Plato und andern erwähnt. Auch
kannten sie die Juden. Man s. Kircher De magnete L. I.
Cap. V. Von der Kenntniß der Polarität hingegen, oder
von der Entdeckung des Nutzens der Magnetnadel in Europa,
findet man keine Spuren vor dem 13ten Jahrhunderte.

Es ist über die Ehre dieser Erfindung viel gestritten worden; nach dem übereinstimmenden Zeugnisse der meisten
Schriftsteller aber scheint ein gewisser Flavio Gioja oder
Giova, oder auch Gi..i, ein Neapolitaner im 13ten Jahrhunderte, die meisten Ansprüche auf den Ruhm dieser Entdeckung zu haben. D. Gilbert, ein englischer Schriftsteller
des ....hunderts, versichert in seinem Buche vom
Magnete (De Magnete Lond. 1600 fol.) daß Marco Polo

Obgleich der Nordpol der Magnete sich an allen
Orten der Erde beynahe gegen Mitternacht kehret,
so trift es doch sehr selten, daß er sich genau gegen
den Mitternachtspunkt wendet; und daß also der
Südpol des Magnets genau gegen den Mittagspunkt
gekehrt ist. Dies heißt mit andern Worten: der magnetische Meridian fällt selten genau in den wahren Meridian

aus Venedig die Erfindung des Compasses von den Chinesern
gelernt, und im Jahre 1260 nach Italien gebracht habe.
Ein andrer Reisender versichert, er habe in Ostindien im Jahre
1500 einen Piloten gesehen, der seinen Lauf mittelst einer auf
die jezt gewöhnliche Art gestalteten und eingerichteten Magnetnadel gelenkt habe; und Barlow erzählt in seinem 1597 ge-
schriebnen *Navigator's Supply*, es hätten ihm zween Ostindia-
ner in einer Unterredung versichert, daß sie sich anstatt unsers
Compasses, einer 6 Zoll langen Magnetnadel bedienten, welche schwebend auf einer Spitze läge, und sich auf einem mit
Wasser gefüllten Teller von weißer chinesischer Erde befände,
auf dessen Boden zwo einander kreuzende Linien die vier Haupt-
winde bezeichneten, die weitern Abtheilungen des Horizonts
aber der Geschicklichkeit ihrer Piloten überlassen blieben. Da
aber die beyden letztern Bemerkungen der Zeit nach weit
neuer sind, als der Gebrauch der Magnetnadel in Europa, so
beweisen sie nichts für die ursprüngliche Entdeckung derselben,
indem die Magnetnadel durch irgend einen Europäer in
Asien könnte eingeführet worden seyn.

Der P. Duhalde hat in seiner allgemeinen Geschichte
von China, im ersten Bande, in den Annalen des chinesischen
Reichs, wo er von dem Kayser Hoang Ti, und dessen Schlacht
gegen den Tschi Neou redet, folgende Stelle: »Als er bemerkte,
»daß ein dicker Nebel den Feind vor seinem ihn verfolgenden
»Heere schützte, und daß die Soldaten den rechten Weg ver-
»lohren, so machte er einen Wagen, welcher ihnen die vier
»Weltgegenden zeigte; durch dieses Mittel überholte er den
»Tschi-Neou, nahm ihn gefangen, und tödtete ihn. Einige
»sagen, es wären auf diesem Wagen auf einer Platte, die Fi-
»guren einer Ratze und eines Pferdes eingegraben, und eine
»Nadel darunter gestellt gewesen, um die vier Weltgegenden
»zu bestimmen. Dies würde auf einen uralten, aber sehr wohl
»bestätigten Gebrauch des Compasses, oder doch auf etwas sehr
»ähnliches hinweisen.

des Orts, und weicht insgemein um einige wenige Grade ostwärts oder westwärts von dem letztern ab. Diese Abweichung ist sowohl auf dem Lande als zur See, nicht an allen Orten einerley, ändert sich auch von Zeit zu Zeit an einem und eben demselben Orte. In London z. B. ist die

Eben derselbe sagt an einer andern Stelle dieses Buchs, wo er von gewissen Abgesandten redet: „Nachdem sie ihre Abschiedsaudienz erhalten hatten, um nun wieder in ihre Heimath zurück zu kehren, so gab ihnen Tscheou Kong ein „Werkzeug, welches sich mit einer Seite gegen Norden, und „mit der entgegengesetzten gegen Süden kehrte, um ihre Richtung auf dem Rückwege besser, als auf der Reise nach China, „finden zu können. Dieses Werkzeug ward Tschi Nan genannt, welches eben der Name ist, den die Chineser heut zu „Tage dem Seecompasse geben. Dies hat die Muthmaßung „veranlasset, daß Tscheou Kong den Compaß erfunden habe. „Diese Begebenheit fällt in den 22sten Cykel, ohngefähr 1040 Jahre vor Christi Geburt.

Dagegen führt Renaudot sehr starke Gründe gegen die Bekanntschaft der alten Chineser und Araber mit dem Seecompaß an. Man s. Kircher de Magnete, L. I. Cap. V.

Sir Georg Wheeler will ein astronomisches Buch gesehen haben, welches älter als das Jahr 1302 sey, und des Gebrauchs der Magnetnadel in der Sternkunde, nicht aber bey der Schiffahrt, erwähne. Guyot de Provins, ein alter französischer Dichter, welcher um das Jahr 1180 schrieb, gedenkt des Magnetsteins und des Compasses ausdrücklich, und spielt auch nicht undeutlich auf den Gebrauch desselben zur Schiffahrt an.

Der spanische Jesuit Pineda und Kircher behaupten, daß Salomo den Gebrauch des Compasses gekannt habe, und daß dessen Unterthanen sich desselben bey ihren Seereisen bedienet haben.

Aller vorstehenden Bemerkungen ungeachtet, bleibt es immer sehr zweifelhaft, ob der Gebrauch des Compasses zur Schiffahrt, oder überhaupt die Polarität des Magnets irgend einem Volke eher bekannt gewesen sey, als die Europäer sich dessen zu bedienen angefangen haben, welches um die Zeit des 13ten Jahrhunderts geschehen ist, da der oben angeführte Flavio von Gioja, wo nicht der Erfinder, doch wenigstens der erste war, der sich des Compasses zu Führung der Schiffe im mittelländischen Meere bediente.

Declination eine andere, als in Paris, oder auf dem Vorgebirge der guten Hoffnung; auch ist sie in London selbst,
und an andern Orten nicht mehr diejenige, die sie vor 20
Jahren oder vor einer andern Zeit war. Man bemerkt
diese Veränderung oder Variation der Abweichung sogar binnen dem kurzen Zeitraume einer Stunde, oder ei-
gentlicher zu reden, der magnetische Meridian verändert
seine Lage an einem und eben demselben Orte der Erde
unaufhörlich.

　　Man kann diese Variation nicht von Mängeln in der
Verfertigung der Magnetnadeln, oder von der verschiedenen Stärke der Magnete herleiten, weil alle Magnete und
Nadeln, die sich an einerley Orte befinden, genau eben
dieselbe Abweichung zeigen, wofern sie nur frey genug auf-
gestellt und von allem Einflusse auf einander selbst oder
von der Einwirkung anderer eisenartigen Körper genugsam
entfernt sind. *)

　　Die Unzuverlässigkeit dieser Abweichung an den verschiedenen Stellen der Erde macht eines der größten Hin-
dernisse aus, welche der Vervollkommnung der Schiffahrt
entgegen stehen. Die Naturforscher haben daher keine
Mühe gespart, um die Ursache derselben zu untersuchen,
und die aus derselben nothwendig entspringenden Fehler,
wo möglich, zu berichtigen; aber noch bis jetzt ist aller an-
gewandte Fleiß nicht hinlänglich gewesen, um diesen dunkeln Theil der Lehre vom Magnet aufzuklären.

---

*) Die Entdeckung der Abweichung der Magnetnadel wird
insgemein dem Sebastian Cabot, einem Venetianer, zugeschrieben, der sie im Jahre 1500 zuerst bemerkt haben soll; wiewohl es
eigentlich Columbus gewesen ist, der sie, wie in seinem Leben
ausgeführt wird, im Jahre 1492 auf seiner ersten Reise nach
America entdeckt hat; die Variation der Abweichung aber,
oder eigentlich die Verschiedenheit der Declination an einem
und eben demselben Orte zu verschiedenen Zeiten hat Gellibrand
Professor im Gresham Collegium, um das Jahr 1625
entdeckt.

Schon seit der ersten Entdeckung der Abweichung der Magnetnadel sind die Gelehrten sowohl zu Lande, als zur See, unablässig bemühet gewesen, die Größe derselben an verschiedenen Orten zu bestimmen. Ihre Beobachtungen hierüber sind nicht nur in Büchern aufgezeichnet, sondern auch auf den besten Seekarten zum Gebrauch der künftigen Seefahrer bemerkt worden; gleichwohl können diese Beobachtungen nur für wenige Jahre dienen, weil die Abweichung, selbst an einem und eben demselben Orte, schwankend und unbeständig ist. Auch hat man bisher noch kein Gesetz oder Periode dieser Veränderung entdecken können, ob man gleich zu Erklärung derselben verschiedene Hypothesen entworfen hat.

Als ich die erste Anlage zu gegenwärtigem Werke zu machen anfieng, war es meine Absicht, in demselben alle Beobachtungen über die Declination der Magnetnadel, welche in den verschiedenen Theilen der Welt und zu verschiedenen Zeiten gemacht worden sind, zum Gebrauche derjenigen zusammen zu tragen, welche über die Ursache oder Periode dieser Veränderung Untersuchungen anstellen wollten. Nachdem ich aber die Beobachtungen verschiedener Seefahrer und anderer aus den Reisebeschreibungen u. dergl. ausgezogen hatte, fand ich, daß die Menge dieser Beobachtungen allein, die übrigen Theile dieser Lehre ungerechnet einen größern Band, als gegenwärtiges Werk, ausfüllen würde. Da ich nun überlegte, daß dieser hinzukommende Band bloß einigen wenigen speculativen Köpfen brauchbar seyn würde (und wahrscheinlich würde nicht einmal eine brauchbare Theorie daraus entstehen, weil, wie ich in der Folge umständlicher anführen werde, die Ursache, von welcher die Abweichung und ihre Veränderung abzuhängen scheint, selbst sehr schwankend und unregelmäßig ist), so beschloß ich, mich damit zu begnügen, daß ich bloß ein Verzeichniß einiger wenigen Beobachtungen aus verschiedenen Theilen der Welt, nebst denen, welche in London zu verschiedenen Zeiten angestellt worden sind, beyfügte.

Ich werde alsdann dieses Capitel mit einigen allgemeinen
Bemerkungen über die Declination, und mit einem Bey=
spiele der täglichen Variation beschließen.

Anmerkung. In der folgenden Tabelle wird un=
ter östlicher und westlicher Abweichung dieses verstanden,
daß das nördliche Ende der Magnetnabel auf die östliche
oder westliche Seite der Mittagsfläche des Orts hinüber=
weiset.

Breite Nördl.		Länge Westl.		Abweichung Oestl.		Jahre der Beobachtung
°	′	°	′	°	′	
70	17	163	24	30	21	1779
69	38	164	11	31	0	1778
66	36	167	55	27	50	
65	43	170	34	27	38	
63	58	165	48	26	25	
59	39	149	8	22	54	
58	14	139	19	24	40	
55	12	135	0	23	29	
53	37	134	53	20	32	
50	8	4	40	20	36	1776
48	44	5	0	22	38	
40	41	11	10	22	27	
33	45	14	50	18	7	
31	8	15	30	17	43	
28	30	17	0	14	0	
23	54	18	20	15	4	
20	30	20	3	14	35	
19	45	20	39	13	11	
16	37	22	50	10	33	
15	25	23	36	9	15	
15	32	23	45	9	25	
12	21	23	54	9	48	
11	51	24	5	8	19	
8	55	22	50	8	58	

Breite Südl.		Länge Westl.		Abweichung Oestl.		Jahre der Beobachtung
°	′	°	′	°	′	
6	29	20	5	9	44	1776
4	23	21	2	9	1	
3	45	22	34	8	27	
2	40	24	10	7	42	
1	14	26	2	5	35	
0	51	27	10	4	59	
0	7	27	0	4	27	
Südl.						
1	13	28	58	3	12	
2	48	29	37	2	52	
3	37	30	14	2	14	
4	22	30	29	2	54	
5	0	31	40	1	26	
6	0	32	50	0	6	
6	45	33	30	0	35	
				Westl.		
7	50	34	20	0	7	
8	43	34	20	0	15	
				Oestl.		
9	1	34	50	0	44	
				Westl.		
10	4	34	49	0	38	
				Oestl.		
12	40	34	49	1	12	
13	23	34	49	1	1	
14	11	34	49	1	9	
15	33	34	40	1	15	
16	12	35	20	2	4	
18	30	35	50	3	2	
20	8	36	1	5	26	
21	37	36	9	3	24	
24	17	36	8	3	24	
26	47	34	27	3	44	

C

Breite Südl.		Länge Westl.		Abweichung Oestl.		Jahre der Beobachtung
°	′	°	′	°	′	
28	19	32	20	1	58	1776
30	25	26	28	2	37	
				Westl.		
33	43	16	30	4	44	
35	37	9	30	5	51	
38	52	23	20	22	12	
		Oestl.		Oestl.		
40	36	173	34	13	47	
42	4	167	32	18	17	
				Westl.		
44	52	155	47	9	28	
46	15	144	50	14	48	
48	41	69	10	27	39	

Abweichungen der Magnetnadel zu London in verschiedenen Jahren.

Jahre	Abweichung	
	°	′
1576	11	15
1580	11	11
1612	6	10 Oestl.
1622	6	0
1633	4	5
1634	4	5
1657	0	0
1665	1	22¼
1666	1	35
1672	2	30 Westl.
1683	4	30
1692	6	0
1700	8	0
1717	10	42

Jahre	Abweichung	
	°	'
1724	11	45
1725	11	56
1730	13	0
1735	14	16
1740	15	40
1745	16	53
1750	17	54	Westl.
1760	19	12
1765	20	0
1770	20	35
1774	21	3
1775	21	40

Als die Variation der Magnetnadel zuerst entdeckt ward, war die Abweichung zu London und an vielen andern Orten auf dem festen Lande östlich. Die Nadel hat sich seitdem immerfort mehr gegen Westen gewendet, so daß sie im Jahre 1657 gerade gegen Norden und Süden stand; jetzt aber ohngefähr um 23 Grade westwärts abweicht. Dieser allmählige Fortgang der Nadel von Osten nach Westen ist auch an verschiedenen andern Orten wahrgenommen worden; aber in andern Theilen der Welt hat sich die Abweichung weder mit eben dieser Geschwindigkeit, noch in dieser Richtung verändert. Auch ist das Zunehmen der westlichen Abweichung eben nicht sehr regelmäßig gewesen; wenn sie z. B. in einem Jahre um 10 Minuten zugenommen hatte, so ist dies nicht beständig in jedem folgenden Jahre wieder um 10 Minuten fortgegangen, wenn sich auch gleich bisweilen ein ge wenige Jahre hindurch ein ziemlicher Grad von Regelmäßigkeit zeiget. Kurz, die bisherigen Beobachtungen und Theorien über die Variation der Magnetnadel geben noch kein Mittel an, die Abweichung an einem gegebnen Orte und für eine gegebne Zeit mit einiger Zuverlässigkeit vorherzusagen.

Die tägliche Variation zeigt ganz deutlich den Einfluß der Wärme und Kälte; ob sie gleich nicht allezeit mit selbiger in genauem Verhältnisse steht, woraus folgt, daß die Wärme nicht die einzige Ursache ist, von der sie abhängt.

Ich will nun noch als ein Beyspiel der täglichen Variation einige Beobachtungen beyfügen, welche über dieselbe zu verschiedenen Stunden eines und eben desselben Tages gemacht worden sind, und dazu die mittlere Variation für jeden Monat im Jahre, nach den Beobachtungen des verstorbenen Herrn Canton *) hinzusetzen.

Abweichung der Magnetnadel zu verschiedenen Stunden eines Tages.

Am 27sten Junius 1759.

	Uhr.	Min.	Abweichung ° '	Grade des fahrenh. Therm.
Vormitt.	0	18	18 2	62
	6	4	18 58	62
	8	30	18 55	65
	9	2	18 54	67
	10	20	18 57	69
	11	40	19 4	68$\frac{1}{2}$
Nachmitt.	0	50	19 9	70
	1	38	19 8	70
	3	10	19 8	68
	7	20	18 59	61
	9	12	19 6	59
	11	40	18 51	57$\frac{1}{2}$

*) Man f. Philof. Trans. Vol. LI. Von den Abweichungen der Nadel an verschiedenen Orten und zu verschiedenen Zeiten findet man mehr in den Philofophical Transactions, in der Hiſtoire de l'Acad. de Paris, in den Abhandlungen anderer Akademien, den von Bayly und Wales herausgegebenen Beobachtungen auf Cooks Seereiſen u. ſ. w.

Mittlere Variation für jeden Monat im Jahre.

Januar	7′	8″
Februar	8	58
März	11	17
April	12	26
May	13	0
Junius	13	21
Julius	13	14
August	12	19
September	11	43
October	10	36
November	8	9
December	6	58

Fünftes Capitel.

Von der Neigung des Magnets.

Man nehme einen kugelförmigen Magnet, oder, was man leichter haben kann, einen von länglicher Gestalt, wie SN, Taf. 1. Fig. 2., wo N der Nordpol, das andere Ende S der Südpol und A die Mitte oder der Aequator ist. Man lege denselben horizontal auf einen Tisch CD, nehme alsdann einen andern kleinen länglichen Magnet ns (zu welcher Absicht man eine gemeine kleine Nähnadel, welche man magnetisch gemacht hat, vollkommen wohl gebrauchen kann), und hänge denselben an einem feinen um seine Mitte gebundenen Faden so auf, daß er in einer horizontalen Lage bleibt, wenn er nicht durch einen andern Magnet gestört wird. Wenn man nun diesen kleinen Magnet, den man an dem obern Theile des Fadens hält, genau über die Mitte des größern Magnets, etwa 2 bis 3 Zoll weit von demselben hält, so wird er sich so drehen, daß sein Südpol s gegen den Nordpol N des größern Magnets, und sein Nordpol n gegen den Süd-

pol S des größern gekehrt ist; dem im vorigen erwähnten
magnetischen Gesetze zufolge, daß die ungleichnamigen
Pole einander anziehen. Man wird ferner bemerken,
daß der kleine Magnet, so lang er genau über die Mitte
des größern A gehalten wird, mit dem letztern parallel und
folglich in einer horizontalen Lage bleibt, weil seine Pole
gleich weit von den entgegengesetzten Polen des größern
abstehen, und also gleich stark von denselben angezogen
werden. Bringt man aber den kleinen Magnet ein wenig näher an das eine Ende des größern, so wird sich der
eine Pol desselben, derjenige nemlich, welcher dem entgegengesetzten Pole des größern Magnets am nächsten steht,
niederwärts neigen, und folglich der andere sich über die
Horizontallinie erheben. Es fällt in die Augen, daß diese
Neigung desto größer werden muß, je näher der kleine
Magnet dem Pole des größern steht, weil alsdann die Anziehung des nächsten Pols desto mehr Gewalt über ihn
hat. Wird endlich der kleine Magnet gerade dem einen
Pole des größern gegen über gestellt, so dreht er sich mit
seinem entgegengesetzten Pole gegen denselben, und stellt
sich von selbst in eine gerade Linie mit der Axe des größern
Magnets. Man sehe die Figur.

Wenn man diesen sehr leichten Versuch übersiehet,
so darf man sich, um die Erscheinungen der Neigung der
Magnetnadel auf der Oberfläche der Erde zu verstehen,
nur die Erde als den großen, und die Nadel oder jeden
andern Magnet, als den kleinen Magnet beym vorigen
Versuche vorstellen. Denn wenn man annimmt, daß der
Nordpol der Erde eine südliche, und der entgegengesetzte
Erdpol eine nördliche Polarität habe, so folgt, wie es auch
die Erfahrung wirklich bestätiget, daß ein gehörig gestal-
teter und frey aufgehangener Magnet an den Aequator
der Erde gehalten in einer horizontalen Stellung bleiben,
und näher gegen einen von den Erdpolen gebracht sich mit
demjenigen Ende neigen muß, welches die diesem Pole entgegengesetzte Polarität hat; daß ferner diese Neigung desto

stärker werden muß, je weiter der Magnet oder die Nadel vom Aequator der Erde entfernt wird; daß endlich die Nadel genau auf einen Pol der Erde gebracht, lothrecht auf den Boden, d. i. in einer Linie mit der Erdare stehen muß. Diese Richtung der Magnetnadel an einem bestimmten Orte heißt die **magnetische Linie.**

Man darf sich nicht darüber verwundern, daß dem Nordpole der Erde eine südliche Polarität beygelegt wird; es wird damit nur so viel gemeint, daß seine Polarität derjenigen entgegengesetzt ist, welche an den ihm entgegen gekehrten Enden der Magnetnadeln statt findet. Da wir aber diese Enden der Nadeln ihre Nordpole nennen, so müssen wir dem Nordpole der Erde nothwendig die entgegengesetzte, d. i. eine südliche Polarität beylegen. Eben diese Bemerkung gilt auch mit gehöriger Veränderung der Namen vom Südpole der Erde, dem man also eine nördliche Polarität zuschreiben muß.

Daß der ganze Erdkörper als ein wirklicher Magnet wirke, gründet sich nicht bloß als Voraussetzung auf die Aehnlichkeit zwischen den Erscheinungen der Inclinationsnadel und des oben angeführten Versuchs; sondern es wird auch durch viele andere Versuche und Beobachtungen so gewiß bestätigt, daß es Scepticismus seyn würde, daran zu zweifeln: inzwischen wollen wir diesen Satz im folgenden Theile umständlicher untersuchen.

Wenn die Pole der Erde, d. i. die Endpunkte der Are, um welche sie sich täglich drehet, mit ihren magnetischen Polen coincidirten, oder wenn auch nur die magnetischen Pole von jenen stets gleich weit entfernt wären, so würde die Neigung der Magnetnadel regelmäßig seyn, und den Schiffern große Vortheile gewähren. Denn es würde nicht schwer fallen, den Grad der Neigung der Nadel für jede gegebne Breite durch mathematische Methoden zu bestimmen; mithin würden die Seefahrer aus Beobachtung der wirklichen Neigung an dem Orte, wo sie sich befänden, die Breite desselben erfahren können. Die Sache

verhält sich aber ganz anders. Die magnetischen Pole
der Erdkugel verändern ihre Lage unaufhörlich, und ohne
dabey ein bekanntes Geſetz oder eine beſtimmte Periode
zu halten: daher iſt die Neigung der Nadel an einerley
Orte eben ſowohl, als ihre horizontale Richtung, beſtän-
digen Veränderungen unterworfen; auch verändert ſie ſich
an einem Orte mehr, am andern weniger oder gar nicht,
ſo daß man die wahre Neigung für einen gegebnen Ort,
nicht anders, als durch wirkliche Beobachtung, beſtimmen
kann.

Hier folgen noch einige wenige Beobachtungen der
Neigung der Magnetnadel an verſchiedenen Orten.

Breite Nördliche.		Länge Oeſtliche.		Neigung des nördl. Endes der Nadel.		Jahr der Beobachtung.
53	55	193	39	69	10	1778.
49	36	233	10	72	29	
		Weſtl.				
44	5	8	10	71	34	1776.
38	53	12	1	70	30	
34	57	14	8	66	12	
29	18	16	7	62	17	
24	24	18	11	59	0	
20	47	19	36	56	15	
15	8	23	38	51	0	
12	1	23	35	48	26	
10	0	22	52	44	12	
5	2	20	10	37	25	
Südl.						
0	3	27	38	30	3	
4	40	30	34	22	15	
7	3	33	21	17	57	
11	25	34	24	9	15	

Breite Südlich.		Länge Oestlich.		Neigung des südl. Endes der Nadel.		Jahr der Beobachtung.
°	′	°	′	°	′	
16	45	208	12	29	28	1776.
19	28	204	11	41	0	
21	8	185	0	39	1	1777.
35	55	18	20	45	37	1774.
41	5	174	13	63	49	1777.
45	47	166	18	70	5	1773.

Man kann in Absicht auf die Neigung der Nadel zwo Hauptbemerkungen machen; die erste, daß man ihre Veränderung keinesweges regelmäßig findet, wenn man längst eines Mittagskreises von Norden nach Süden, oder von Süden nach Norden fortgeht; die zwote, daß ihre Veränderung an einerley Orte, zu verschiedenen Zeiten, sehr gering ist. So stand in London um das Jahr 1576 der Nordpol der Nadel 71° 50′ unter der Horizontalfläche, und im Jahre 1775, 72° 3′, daß also die Veränderung der Neigung in so vielen Jahren noch nicht den vierten Theil eines Grades beträgt, welchen kleinen Unterschied man sogar den Fehlern der Werkzeuge zuschreiben könnte, welche selbst heut zu Tage noch weit von der gehörigen Vollkommenheit entfernt sind.

Sechstes Capitel.

Von den verschiedenen Körpern, welche vom Magnet angezogen werden.

Eigentlich zu reden, zieht der Magnet blos das Eisen an, in welchem Zustande dieses Metall auch immer seyn mag; da aber sehr viele natürliche Körper zu wenig Eisen enthalten, als daß man sie eisenhaltig nennen könnte,

und dennoch vom Magnet angezogen werden, so wird es
sehr schicklich seyn, in gegenwärtigem Capitel dieser Körper zu gedenken.　Man wird nicht allein hieraus sehen,
wie häufig das Eisen durch den ganzen Umfang der Na-
turproducte zerstreut sey, sondern es werden auch diese
Bemerkungen vielleicht Anlaß zu weitern Entdeckungen
in der Lehre vom Magnet, und in andern Zweigen der
Naturkunde geben.

Das Verzeichniß dieser Körper ist sehr weitläufig,
da es fast gar keine Substanz giebt, welche nicht entweder von Natur fähig wäre, vom Magnet angezogen zu
werden, oder die nicht wenigstens durch die Wirkung des
Feuers diese Fähigkeit einigermaßen erlangen könnte.

Das Eisen wird zwar nach dem verschiedenen Zustande, in welchem es sich befindet, mit verschiedener
Stärke angezogen; es wird aber doch nie ganz unempfindlich gegen die magnetische Kraft.　Auch der reinste Kalk
und die vollkommenste Auflösung dieses Metalls werden,
wie man durch genaue Untersuchung gefunden hat, noch
in einigem Grade vom Magnete angezogen.

Weiches und reines Eisen von gleichförmiger Structur wird stärker angezogen, als das harte, oder als irgend eine andere Art von Eisen.　Der Stahl, besonders
der gehärtete, wird weit schwächer angezogen, als Eisen.
Die Schuppen oder Schlacken, welche vom glühenden
Eisen beym Hämmern abspringen, und die durchs Feuer-
schlagen abgerissenen und verbrannten Stahltheilchen werden vom Magnet eben so, wie gleich große Stücken von
gutem Eisen, angezogen.

Der schwarze Eisenkalk wird sehr wenig angezogen.
Auch der gelbe, oder der Rost, er mag nun durch Säuren, oder durch Feuer, oder durch Aussetzung an die Luft,
entstanden seyn, wird sehr wenig angezogen; doch wird
er nie ganz unempfindlich gegen die Wirkung des Magnets, wenn er gleich zu wiederholten malen gewaschen
und gereinigt wird.

Wenn die Eisentheilchen die Gestalt schwarzer Schuppen, oder auch des gelben Kalks haben, so sind sie oft von der Beschaffenheit (vielleicht wegen ihrer Härte), daß sie durch den Einfluß eines starken Magnets eine schwache, aber doch merkliche Polarität erhalten. Verwechselt man alsdann die Pole des dagegen gehaltenen Magnets, so drehen sie sich dem gemäß um; ob sie gleich mehrentheils von beyden Seiten gleich stark angezogen werden.

Nicht allein der verschiedene Grad der Reinigkeit wirkt auf die Anziehung zwischen Magnet und Eisen, sondern auch die Größe des Eisens macht darin eine beträchtliche Veränderung. Ein Stück Eisen von einer gewissen Größe, welche, wie wir im dritten Capitel bemerkt haben, für jeden Magnet durch Versuche bestimmt werden muß, wird stärker angezogen, als ein größeres oder kleineres Stück, oder als mehrere Stücken, welche zusammen jenem an Gewichte gleich sind. Hieraus folgt, daß eine bestimmte Quantität Eisen mit der geringsten Kraft angezogen wird, wenn man es in kleine Stückchen oder in ein feines Pulver verwandelt.

Die Eisenerze werden mehr oder weniger angezogen, je nachdem sie eine größere oder geringere Menge Metall enthalten, und dasselbe in einem vollkommnern oder unvollkommnern metallischen Zustande ist; sie werden aber doch alle angezogen, selbst diejenigen, welche so wenig Metall enthalten, daß sie kaum den Namen der Erze verdienen.

Durch die Wirkung des Feuers werden die Eisenerze mehrentheils in einen Zustand versetzt, in welchem sie leichter angezogen werden, welches augenscheinlich daher rührt, weil sie dadurch mehr brennbaren Stoff erhalten, oder dem vollkommen metallischen Zustande näher gebracht werden. Wenn man Erze, die sonst nur sehr wenig angezogen werden, dem Feuer so aussetzt, daß sie darin mit Substanzen umringt sind, welche einen Ueberfluß an brennbarer Materie haben, so werden sie dadurch der magnetischen Anziehung in weit höherm Grade fähig, als wenn sie blos für sich einem offnen Feuer im Luftzuge ausgesetzt worden sind.

Die Erze anderer Metalle werden größtentheils, obgleich nur schwach, vom Magnete angezogen, woraus man schließen kann, daß sie etwas Eisen enthalten, wie z. B. die Bley- Zinn- und Kupfererze. Der gegrabne Zinnober wird ebenfalls angezogen; nicht aber der künstliche. *)

Die übrigen Metalle werden, wenn sie rein sind, nicht angezogen; sonderbar aber ist es, daß der Bleykalk ein wenig angezogen wird, obgleich das reine Bley dieser Anziehung nicht im mindesten unterworfen ist. Der Zinnkalk wird ebenfalls, aber in noch geringerm Grade, angezogen. **)

Unter den Halbmetallen werden Zink, Wismuth, und vorzüglich Kobalt, so wie auch deren Erze, fast allezeit vom Magnete angezogen. Spießglas wird nicht angezogen, wenn es nicht vorher einem gelinden Feuer ausgesetzt worden ist. Arsenik wird gar nicht angezogen.

Eine gewisse Art Wismuth soll die sonderbare Eigenschaft haben, daß es der Magnet an beyden Seiten zurückstößt. ***)

*) Diese Bemerkung zeigt, daß die rothe Farbe eines Minerals nicht allezeit eine sichere Anzeige eines Eisengehalts ist; denn beyde Arten des Zinnobers haben die nämliche rothe Farbe.

**) Man s. Brugmann de affinitate magnet. §. 39.

***) „Bismuthum colore albo, argenteo, nitente, trahitur „a magnete, crescitque illius attractio ex igne semimetal- „lum hoc in calces vertente; sed bismuthum, cujus colori „magis obscuro quid de violaceo inhaerebat, singulare ad- „modum phaenomenon exhibuit. Ejus scilicet portio, cir- „cello chartaceo aquae innatanti immissa lente, ab utroque „magnetis polo in omnem plagam repellebatur. Huic si- „mile quid me semel tantum, et casu, inter millena ex- „perimenta magnetica, observasse memini, in molecula „exigua, ex lapide nostro molari excussa. Repulsio haec „bismuthi singularis in attractionem ignis ope mutatur per-

Wenn man überdenkt, wie häufig das Eisen durch die ganze Körperwelt zerstreut ist, und daß es dabey allzeit der Anziehung des Magnets ausgesetzt bleibt, so wird man leicht glauben können, daß es fast gar keinen Körper in der Natur giebt, der nicht entweder in seinem gewöhnlichen Zustande, oder doch wenigstens, wenn das Feuer auf ihn gewirkt hat, einigermaßen fähig seyn sollte, vom Magnet angezogen zu werden.

Die übrigen Mineralien, welche nicht metallisch sind, werden fast alle vom Magnet angezogen, wenigstens dann, wenn sie zuvor der Wirkung des Feuers ausgesetzt gewesen sind. *) Unter den reinen Erden wird die Kalkerde wenig oder gar nicht, die Kieselerde aber mehrentheils angezogen. Der Sand wird gewöhnlich angezogen, besonders der dunkle Seesand, der augenscheinlich einen großen Theil Eisenerde, oder schon halb gebildetes Eisen enthält.

Bernstein und andere verbrennliche Mineralien werden größtentheils vom Magnet gezogen, besonders wenn sie gebrannt haben.

Unter den Edelsteinen werden die ungefärbten z. B. der Diamant und die Chrystallen nicht angezogen. Auch werden der Amethyst, Topas, Chalcedon und überhaupt

quam tamen continuo exiguam." *Brugmans de affinit. magnet. §. XL.*

*) Wenn Körper gedörret, oder wie es einige Mineralogen nennen, geröstet werden sollen, um sie der magnetischen Anziehung fähiger zu machen, so muß man sie nach dem Rathe einiger einsichtsvollen Kenner mit Substanzen umringen, welche einen Ueberfluß von Phlogiston enthalten, um die darin befindliche geringe Quantität von Eisenkalk so viel als möglich, zum metallischen Zustande zu reduciren; man muß aber zu verhüten suchen, daß nicht durch die Materien selbst, mit welchen man sie umgiebt, Eisen dazu komme. — Man hat gefunden, daß die gemeinen irdenen Schmelztiegel, wenn sie gleich selbst magnetisch sind, dennoch denen in ihnen dem Feuer ausgesetzten Körpern kein Eisen mittheilen.

diejenigen, welche im Feuer ihre Farbe verlieren, nicht angezogen. Die übrigen alle, z. B. den Rubin, besonders den orientalischen, den Chrysolith und die Turmalinke, zieht der Magnet. Der Smaragd und besonders der Granat werden nicht nur angezogen, sondern erhalten auch oft durch den Einfluß starker Magnete eine merkliche Polarität, so daß sie hernach von der einen Seite angezogen, von der andern aber zurückgestoßen werden. Der Opal wird nur wenig angezogen.

Fast alle Theile der thierischen und vegetabilischen Körper werden nach ihrer Verbrennung sehr stark vom Magnet gezogen. Das Fleisch und vorzüglich das Blut am stärksten, die Knochen hingegen am wenigsten. Die Aschen der Pflanzen werden fast alle, jedoch nicht mit gleicher Stärke, gezogen. Unverbrannte und frische thierische oder vegetabilische Substanzen zeigen selten oder gar niemals einige merkliche Anziehung gegen den Magnet.

Es ist merkwürdig, daß sogar der Ruß und der Staub, welcher gewöhnlich auf alle der Luft ausgesetzt Körper fällt, merklich vom Magnet gezogen wird.

Man sieht hieraus, daß das Eisen, obgleich in äußerst feine Theilchen zertheilt, in einem oder dem andern Zustande fast mit allen Körpern vermischt ist; daß man es in Thieren, Pflanzen, Mineralien und sogar in der Luft findet; daß es in jedem Zustande einige Anziehung gegen den Magnet äußert; und daß man seine Gegenwart in vielen Körpern durch kein anderes bekanntes Mittel, als durch den Magnet, entdecken kann. Zwar möchte ein scharfsinniger Forscher noch fragen, ob man denn daraus allein, daß ein Körper ein wenig vom Magnet gezogen wird, schließen dürfe, daß er Eisen enthälte. Wenn man darauf antwortet, daß der Magnet nichts anders, als Eisen, anziehe, so wird er einen Beweis dieses Naturgesetzes verlangen. — Nun scheint es zwar ausgemacht zu seyn, daß einige Körper auch ohne Rücksicht auf das in ihnen enthaltene Eisen, vom Magnet gezogen

werden; da aber die Beweise dieses Satzes von einigen
eignen Versuchen des Verfassers abhängen, welche im
letzten Theile dieses Werks angeführt werden; so schien es
unschicklich, den oben erwähnten Satz an dieser Stelle
als ein Naturgesetz aufzuführen.

Siebentes Capitel.

Von dem mitgetheilten Magnetismus.

Wenn man ein Stück Eisen oder Stahl, oder einen
andern eisenartigen Körper gegen einen Magnet
in gehöriger Entfernung von einem seiner Pole hält, so
wird es sogleich selbst magnetisch, indem derjenige Theil
davon, welcher dem Magnete am nächsten steht, eine
dem Pole desselben entgegengesetzte Polarität erhält.
Dieser mitgetheilte Magnetismus ist bey dem weichen Eisen am stärksten, bey gehärtetem Stahl oder bey
brüchigem Roheisen am schwächsten; bey den übrigen
Arten von Eisen oder eisenartigen Körpern ist er stärker
oder schwächer, je nachdem sie sich mehr der Härte des
letztern oder der Weichheit des erstern nähern. Die
Dauer dieses mitgetheilten Magnetismus aber richtet sich
gerade nach der umgekehrten Regel; denn der härteste
Stahl behält die magnetische Kraft viele Jahre lang fast
ohne alle Verminderung; das weiche Eisen hingegen verliert dieselbe augenblicklich, sobald es aus dem Wirkungskreise des Magnets entfernt wird; und die übrigen eisenartigen Körper behalten sie längere oder kürzere Zeit, je
nachdem sie sich mehr der Natur des harten Stahls oder
des weichen Eisens nähern. Man sieht hieraus, daß
überhaupt die beste Methode, künstliche Magnete zu machen, darin besteht, daß man einen oder mehrere starke
Magnete an Stücken von sehr hartem Stahl anbringe,
weil diese Stücken dadurch eine beträchtliche Kraft erlangen, und eine lange Zeit behalten. Nur muß man bey

dieser Operation dafür sorgen, daß der Nordpol des einen oder der mehrern angelegten Magnete an dasjenige Ende des Stahls komme, welches der Südpol werden soll, da hingegen der Südpol des Magnets an das andere Ende kommen muß. Eben so, wie man ein Stück Eisen oder Stahl magnetisch macht, kann man auch einen schwachen Magnet verstärken, oder ihm die verlohrne Kraft wieder geben.

Natürlicherweise muß man bey dieser Methode schon einen oder mehrere Magnete haben, um durch deren Anlegung den Stahl oder den eisenartigen Körper magnetisch zu machen. Man könnte also fragen, ob es nicht Mittel gebe, den Magnetismus ursprünglich hervorzubringen, oder künstliche Magnete ohne Zuthun irgend eines andern Magnets zu verfertigen. Die Antwort auf diese Frage ist, daß man keinem eisenartigen Körper einigen Magnetismus ohne Mitwirkung eines schon vorhandenen Magnets mittheilen kann. Und wenn man, nach dem im gemeinen Leben gewöhnlichen Ausdrucke, den Stahl ohne Beyhülfe eines Magnets magnetisch macht, so bedient man sich dabey der magnetischen Kraft der Erdkugel, welche ein wirklicher Magnet ist. Es bleibt also immer wahr, daß keine Mittheilung der magnetischen Kraft ohne die Wirkung eines schon vorhandenen Magnets statt findet.

Folgender Versuch zeigt auf die möglichst deutliche Art, daß die Erde in der That ein Magnet sey, und wie man bey der oben angeführten Methode den ersten Anfang der magnetischen Kraft aus der Erde hernehme.

Man nehme eine gerade Stange von weichem Eisen (ein, zwey bis drey Fuß lang, und etwa ½ Zoll im Durchmesser wird die bequemste Größe seyn) und halte sie in einer vertikalen Stellung, d. i. mit dem einen Ende A gegen den Boden, mit dem andern B aufwärts gekehrt, so wird man sie magnetisch finden. In unsern Ländern wird das Ende A ein Nordpol seyn, und den Nordpol einer

Magnetnadel abstoßen, das obere Ende B hingegen wird
ein Südpol seyn, der den Südpol der Nadel abstößt und
ihren Nordpol anziehet. — Kehrt man nun die Stange
um, und stellt das Ende B niederwärts, so kehrt sich augenblicklich auch die Polarität um, B wird nunmehr der
Nord- und A der Südpol. *) Die Erklärung dieser sonderbaren Erscheinung ist aus den vorhergehenden Bemerkungen leicht herzuleiten; denn, da die Erde in unsern
nördlichen Ländern eine südliche magnetische Polarität hat,
so wird der unterste Theil der eisernen Stange, der ihr
am nächsten steht, die entgegengesetzte, nemlich die nördliche Polarität erhalten, das andere Ende der Stange
aber ein Südpol werden.

Eben so folgt, wie es auch die Erfahrung wirklich
bestätiget, daß in den südlichen Ländern der Erde das untere Ende der Stange eine südliche Polarität erhalten
muß; daß man unter dem Aequator die Stange horizontal halten muß, wenn sie einige magnetische Kraft von
der Erde erhalten soll, und daß selbst in unsern Gegenden
die vortheilhafteste Stellung der Stange nicht die loth-
rechte, sondern eine gegen den Horizont ein wenig ge-
neigte ist. Kurz, an allen Orten der Welt muß diese
Stange in die magnetische Linie, d. i. parallel mit der
Richtung der Inclinationsnadel gestellt werden. **) Wenn
die Stange nicht in die magnetische Linie, sondern in eine
auf derselben senkrecht stehende Richtung gestellt wird, so
wird sie nicht magnetisch, weil in dieser Lage die Wirkungen beyder Pole der Erde auf ihre beyden Enden gleich
groß sind. Bringt man die Stange in eine andere von
beyden vorerwähnten Richtungen verschiedene Stellung,
so wird sie mehr oder weniger magnetische Kraft erhalten,

---

*) Eine Stange von 4 bis 5 Fuß Länge und 1 Zoll Durch-
messer wird in dieser Stellung schon ein kleines Stückgen Eisen oder eine Nähnadel anziehen.
**) Man sehe das fünfte Capitel dieses Theils.

D

je nachdem ihre Lage der erstern oder der letztern unter den beyden vorigen Richtungen näher kömmt.

Eine Stange von hartem Stahl oder hartem Eisen erhält keine magnetische Kraft von der Erde, weil der Magnetismus der Erdkugel im Verhältnisse genommen, zu schwach ist, um den Stahl magnetisch zu machen.

Nach dieser Beschreibung der allgemeinen Phänomene des mitgetheilten Magnetismus müssen wir nun zu den besondern Gesetzen desselben fortgehen.

Ein Magnet, welcher andern Körpern magnetische Kraft mittheilt, verliert dadurch nicht allein nichts von seiner eignen Kraft, sondern es wird dieselbe dabey eher noch verstärkt.

Dennoch kann ein Magnet niemals mehr Kraft, ja nicht einmal eben so viel Kraft, als er selbst besitzt, mittheilen. Mehrere Magnete von ziemlich gleicher Kraft aber haben, wenn sie mit einander verbunden werden, mehr Vermögen, als einer allein genommen. Wenn man daher einem Körper A vermittelst eines schwachen Magnets B eine starke magnetische Kraft mittheilen will, so muß man zuerst mehrere Körper C, D, E, F u. s. f. schwach magnetisiren, alsdann werden dieselben alle, gehörig mit einander verbunden, einem andern oder mehreren andern Körpern eine stärkere magnetische Kraft mittheilen, bis man endlich im Stande ist, dem Körper A den erforderlichen Grad von magnetischer Kraft zu geben.

Es ist kaum nöthig anzuführen, daß der eisenartige Körper, wenn er in unmittelbare Berührung mit dem Magnet gebracht wird, weit mehr Kraft erhält, als wenn er in einiger Entfernung von der Oberfläche des Magnets gelassen wird. -

Wenn ein eisenartiger Körper der Wirkung eines Magnets ausgesetzt wird, so erhält er zwar den größten Theil der magnetischen Kraft sogleich im ersten Augenblicke; allein, um ihm den höchsten Grad von Kraft, dessen er fähig ist, zu geben, muß man ihn doch eine beträchtliche Zeitlang in dem Wirkungskreise des Magnets lassen. Weiches Eisen erlangt den höchsten möglichen Grad der Kraft sehr leicht; je härter aber der Körper ist, desto später erreicht er dieses Maximum der magnetischen Kraft.

Mit diesen Gesetzen stimmt es sehr wohl überein, was man oft wahrgenommen hat, daß Stangen und andere Stücken Eisen, wenn sie lange Zeit in einerley Stellung bleiben, von selbst magnetisch werden. *) Bisweilen haben eiserne Stangen, welche wegen ihrer Weichheit keines bleibenden Magnetismus fähig waren, mit der Zeit, wenn sie in einer schicklichen Lage an der freyen Luft gestanden hatten, einen ziemlichen Grad von magnetischer Kraft erhalten; man hat aber auch oft bemerkt, daß sie zugleich härter geworden sind, welches vielleicht von der Verkalchung eines Theils ihrer Substanz, oder von einer andern noch unbekannten Veränderung in der Natur des Eisens herkommen kann.

Die auf solche Art den eisernen Stangen mitgetheilte Polarität ist von längerer oder kürzerer Dauer, je nachdem das Eisen härter oder weicher ist, und längere oder kürzere Zeit in eben derselben Stellung bleibt (wozu die Richtung der Inclinations = Nadel die bequemste ist). Endlich kömmt es auch hiebey auf die Gestalt des Eisens, oder auf das Verhältniß seiner Länge zur Dicke an. Wenn man ein längliches Stück Eisen rothglühend macht, und dann in die magnetische Linie gestellt abkühlen läßt, so erhält es dadurch einen Grad von Magnetismus, welcher desto länger anhält, je härter das Eisen ist. Die Ursache hievon ist, weil das Eisen beym Rothglühen weich wird, und also durch die Wirkung der Erde leichter magnetisch werden kann; dagegen es beym Ab-

*) Man findet in sehr vielen Büchern angeführt, daß eiserne Stangen, welche viele Jahrhunderte lang in einerley Stellung geblieben sind, eben so stark magnetisch geworden sind, als gute natürliche Magnete.

kühlen härter wird, und also die mitgetheilte Kraft länger behält.

Beym Bohren, Feilen, Hämmern, und überhaupt in allen Fällen, in welchen Eisen, Stahl u. dergl. in einen gewaltsamen Zustand versetzt wird, erhalten manche Stücken einen beträchtlichen Grad von Magnetismus, dessen Ursprung man aus der Erde und aus der veränderlichen Natur des Metalls, oder aus den Abwechselungen der Wärme, Kälte und schwingenden Bewegung, in welche dasselbe versetzt worden ist, herleiten muß.

Aus eben diesen Ursachen scheint auch die Elektricität in gewissen Fällen Magnetismus hervorzubringen. Folgendes sind die hiebey beobachteten Umstände, welche vermittelst der stärksten Elektrisirmaschine, die man je verfertiget hat, bestätiget worden sind. Sie kommen großentheils mit denjenigen überein, welche man auch bey andern Maschinen gefunden hat.

Wenn die Stange oder die Nadel horizontal in den magnetischen Meridian gelegt wird, so mag der Schlag einer geladnen Flasche oder Batterie, nach welcher Richtung man will, einbringen, es wird allezeit das nach Norden gekehrte Ende die nördliche und das andere die südliche Polarität erhalten. Hat die Stange, ehe sie den Schlag erhält, schon einige Polarität, und wird beym Schlage in eine ihrer magnetischen Richtung entgegengesetzte Lage gebracht, so wird ihre vorige Polarität allezeit vermindert, oft auch sogar umgekehret.

Wenn in unsern Ländern die Stange oder Nadel den Schlag in einer lothrechten Stellung erhält, so wird ihr unterstes Ende ein Nordpol. Dies geschieht auch, wenn sie schon vorher etwas magnetisch gewesen ist, und beym Schlage den Südpol unterwärts gekehrt hat. Wenn alle übrige Umstände gleich sind, so scheinen die Stangen einerley Grad von magnetischer Kraft zu erhalten, sie mögen beym Schlage horizontal im magnetischen Meridiane, oder lothrecht gegen den Horizont gestanden haben.

Wenn eine Stange oder Nadel im magnetischen Aequator steht, so wird sie durch einen der Länge nach hindurchgehenden Schlag sehr selten, oder gar niemals, magnetisch; geht aber der Schlag quer hindurch, so wird sie magnetisch, und das gegen Westen gekehrte Ende wird gemeiniglich der Nordpol.

Wird der Schlag durch eine schon vorher stark magnetische Nadel oder Stange geleitet, so wird ihre magnetische Kraft dadurch vermindert.

Wenn der Schlag im Verhältnisse mit der Größe einer stählernen Nadel zu stark ist, so daß er sie sehr erhitzet, so erhält sie entweder gar keinen oder doch nur einen sehr geringen Magnetismus. *)

Daher macht oft der Blitz, welcher eine elektrische Erscheinung ist, Stücken Eisen oder Stahl, oder auch Körper, welche Eisen enthalten, z. B. verschiedene Arten von Ziegeln u. s. w. magnetisch.

Wenn ein Pol eines Magnets, z. B. der Nordpol, an das eine Ende C eines länglichen Stücks Eisen oder Stahl, wie CD. Taf. 1. Fig. 3. gehalten wird, so wird dieses Ende ein Südpol. Ist nun der Stab CD sehr lang, so wird man nicht weit von C einen Theil finden, welcher eine nördliche Polarität hat; hierauf wird ein anderer Theil mit südlicher Polarität folgen, und so wird diese Abwechselung immer fortgehen, bis endlich die Kraft unmerklich wird. Die Anzahl dieser abwechselnden Polaritäten hängt von der Stärke der Kraft und hauptsächlich von der Länge der Stange ab; denn wenn die Stange die gehörige Länge und Dicke hat, welche letztere sich ebenfalls nach der Stärke des gebrauchten Magnets richten muß, so wird sie nicht mehr als zween Pole bekommen; das Ende D nemlich, wird ein Nordpol werden.

*) Zu diesen Versuchen müßten, wenn sie gelingen sollen, die Stangen oder Nadeln dem Grade der elektrischen Kraft proportionirt seyn. Man sehe van Marums Beschreibung einer ungemein großen Elektrisirmaschine im Teylerischen Museum zu Harlem, aus dem Holländ. Leipzig, 1786. 8.

Wenn man in diesem letztern Falle den Pol des Magnets nach und nach längst der Oberfläche der Stange von C nach D bewegt, so wird man, nachdem dieses geschehen ist, die Polarität der Stange gänzlich verändert finden; das Ende C wird nunmehr die nördliche und D die südliche Polarität haben.

Man übersieht sehr leicht, daß, während der Magnet an der Oberfläche der Stange hin bewegt wird, die südliche Polarität des Endes C, ehe sie in die nördliche übergehet, an Stärke abnehmen muß; und daß, wenn der Magnet an einen gewissen Punct M kömmt, dieses Ende C gar keine Polarität mehr haben kann, indem die südliche gerade aufhört, und die nördliche eben anfängt. In Absicht auf das andere Ende D ist zu bemerken, daß die nördliche Polarität desselben durch die Annäherung des Magnets bis an eine gewisse Grenze H verstärkt wird, hernach aber, je weiter sich der Magnet an D nähert, wieder abnimmt, bis sie, wenn derselbe an einen gewissen Punct N gekommen ist, ganz verschwindet, und hierauf in eine südliche übergeht.

Man hat den Puncten M und N den Namen der **Indifferenzpuncte** gegeben, weil zu der Zeit, da der Magnet in M ist, das Ende C, und wenn er in N ist, das Ende D, weder nördliche noch südliche Polarität hat. Den Punct H aber hat man den **culminirenden Punct** genannt, weil, wenn der Magnet daselbst ist, die zuerst erlangte Polarität des Endes D ihre größte Stärke erreicht.

Da die Bestimmung dieser Puncte in Stangen von verschiedenem Eisen, verschiedenen Längen u. s. w. nicht allein die Wirkung des Magnets deutlicher bestimmt, und die Vortheile und Nachtheile bey den practischen Methoden der Verfertigung künstlicher Magnete entdeckt, sondern auch überhaupt zu weitern Entdeckungen den Weg bahnet; so hat man keine Mühe gesparet, um die Umstände ausfindig zu machen, von welchen die Lage dieser

Puncte abhängt, und es ist in dieser Absicht eine große Menge genauer Versuche angestellt worden. Aber aller dieser Bemühungen ungeachtet hat man dennoch wegen der verschiedenen Beschaffenheit der Magnete und des Eisens nicht so weit in dieser Kenntniß gelangen können, daß man im Stande wäre, diese Puncte an einer gegebnen Stange ohne wirkliche Versuche zu bestimmen. — Die allgemeinen Gesetze, welche man aus den in dieser Absicht angestellten Versuchen hergeleitet hat, sind folgende:

1. Die Puncte M, H und N liegen nicht allezeit in der durch die Figur vorgestellten Ordnung; doch übersieht man leicht, daß der Punct H niemals mit N zusammen, oder darüber hinausfallen kann, so daß er näher am Ende D läge, als N.

2. Wenn die Stangen blos in der Länge verschieden sind, alles übrige aber gleich ist, so ist der Abstand CM desto größer, je länger die Stange ist, bis auf eine gewisse Grenze, welche von der Stärke des gebrauchten Magnets abhängt.

3. Auch ist der Abstand CM desto größer, je stärker der gebrauchte Magnet ist, bis auf eine gewisse Grenze, welche von dem Verhältnisse der Stärke des Magnets zur Länge der Stange abhängt; über diese Grenze hinaus wird CM kürzer, als es gewesen seyn würde, wenn man einen schwächern Magnet gebraucht hätte.

4. Wenn die Stangen blos in der Länge verschieden sind, alles übrige aber gleich ist; so ist der Abstand CH desto größer, je länger die Stange ist, bis auf eine gewisse Grenze, welche von der Stärke des Magnets abhängt.

5. Je stärker der gebrauchte Magnet ist, desto größer ist der Abstand CH, bis auf eine gewisse Grenze u. s. f.

6. An einer längern Stange ist unter übrigens gleichen Umständen der Abstand CN größer, als an einer kürzern, bis zu einer Grenze u. s. f.

7. Bey Stangen von gleicher Länge ist der Abstand CN größer, wenn der gebrauchte Magnet stärker ist, ebenfalls bis auf eine gewisse Grenze u. s. f.

8. Wenn die Stangen blos in der Dicke verschieden sind, und alles übrige gleich bleibt, so ist der Abstand CM an dickern Stangen größer als an dünnen; der Abstand CN aber ist an allen ziemlich ebenderselbe, bis auf eine Grenze, welche von den obenerwähnten Umständen abhängt.

9. Wenn endlich die Stangen blos an Härte verschieden sind, so sind die Abstände CM, CH, CN an härtern Stangen bisweilen eben so groß, bisweilen größer oder kürzer, als an weichern. *)

Außer den Indifferenz- und Culminationspuncten haben wir noch einen andern Punct zu betrachten, nemlich den magnetischen Mittelpunct, d. i. den Punct oder Theil zwischen beyden Polen, wo der Magnet weder Anziehung noch Repulsion zeigt. In Absicht auf diesen Punct will ich nur mit wenigem bemerken, daß er nicht allezeit mitten zwischen beyden Polen liegt; und daß, wenn man einen Pol eines Magnets längst der Oberfläche einer eisernen Stange hinführet, wie in den obigen Versuchen, der magnetische Mittelpunct sich weiter vorwärts bewegt, je weiter der Magnet fortgeführet wird. An einer gewissen Stelle aber kommen der Magnet und der gedachte Mittelpunct in einem Puncte, oder vielmehr an entgegengesetzten Puncten der Stangendicke zusammen. Die Bewegung und die Stelle des magnetischen Mittelpuncts sind vielen Veränderungen unterworfen, welche theils von der Beschaffenheit, Dicke und Länge der Stange,

*) Man s. van Swinden Tentamen theoriae mathematicae de phaenomenis magneticis.

theils von der Stärke des Magnets und von der Art abhängen, wie derselbe an der Oberfläche der Stange hinge-
führt wird.

Wenn man einen Magnet, besonders einen länglichen, welcher zween Pole hat, entzwey bricht, so fällt
der magnetische Mittelpunct eines jeden Theils im Anfange gemeiniglich näher an das abgebrochne Ende; mit
der Zeit aber rückt er weiter gegen die Mitte des Stücks zu.

Was wir bisher von länglichen Stücken Eisen oder
Stahl bemerkt haben, kann nun auch dienen, die Erscheinungen an Stücken von unregelmäßiger Gestalt zu
erklären; die umständliche Anführung aller Fälle würde
kein Ende nehmen, und überdies von wenig oder gar keinem Nutzen seyn.

Jedes Eisen und jeder eisenartige Körper vermag
nur einen gewissen Grad von magnetischer Kraft zu behalten. Wird ein starker Magnet an ein in Vergleichung
sehr kleines Stück Stahl gebracht, so wird zwar dieses
Stück, so lang es im Wirkungskreise des Magnets bleibt,
sehr stark magnetisch scheinen; sobald man es aber aus
der Nachbarschaft des Magnets entfernt, wird seine Kraft
sogleich anfangen abzunehmen, und in kurzer Zeit bis
auf denjenigen Grad herunterkommen, dessen dieses Stück
überhaupt fähig ist, und welchen man den Sättigungspunct desselben nennen könnte. Hieraus folgt, daß,
wenn ein Magnet gerade hinreichend ist, einem Stücke
Eisen oder Stahl die völlige magnetische Kraft zu geben,
deren es fähig ist, ein stärkerer Magnet dieselbe nicht im
mindesten vermehren könne.

Man hat lange Zeit darüber gestritten, ob ein Stück
Eisen, wenn man es magnetisch macht, schwerer oder
leichter werde; im Ganzen scheint das Gewicht dadurch
gar nicht verändert zu werden. *)

*) Gassendi, Mersenne und Gilbert behaupten, das
Gewicht der Nadeln ändere sich nicht, wenn man sie magne-

So, wie ein Stück Eisen oft blos dadurch magnetisch wird, daß es eine Zeitlang in einer schicklichen Stellung bleibt; so können im Gegentheile die Magnete ihre Kraft großentheils oder ganz verlieren, wenn sie sich in einer unschicklichen Stellung befinden; denn eben die Wirkung der Erdkugel, welche im ersten Falle den Magnetismus hervorzubringen strebt, wirkt im letztern Falle auf dessen Schwächung oder Vernichtung. Eben dies gilt von der Stellung der Magnete gegen einander selbst. Nemlich, wenn zween Magnete so gestellt werden, daß sich ihre ungleichnamigen Pole berühren, so wirkt jeder auf die Erhaltung der Kraft der andern; werden aber die gleichnamigen Pole an einander gestellt, so stört oder vermindert ein jeder den Magnetismus des andern; und wenn ihre ursprünglichen Kräfte sehr ungleich sind, so wird die Polarität des schwächern durch die Wirkung des stärkern umgekehrt.

Ueberhaupt werden eben diejenigen Mittel, welche die Mittheilung des Magnetismus erleichtern, wenn das Eisen u. dergl. die gehörige Stellung gegen die Pole der Erde und gegen andere Magnete hat, auch den Verlust des Magnetismus befördern, wenn die Magnete in einer nachtheiligen Stellung sind. So zerstört die Glühhitze die magnetische Kraft großentheils oder auch gänzlich. Die Kraft eines stark magnetischen Stahls wird sehr vermindert, wenn man zu wiederholten malen mit zween Steinen Feuer daran schlägt, besonders wenn er während des Schlagens in einer auf den magnetischen Meridian

---

tisch mache. Whiston will durch genaue Versuche gefunden haben, daß ein Stück Stahl von 4584¼ Gran, 7¼ Gran; und ein anderes von 65726 Gran, 14 Gran durchs Magnetisiren verlohren habe. Nach andern soll das Magnetisiren den Stahl schwerer gemacht haben. — Allem Ansehen nach aber mögen in der Nähe befindliches Eisen, oder andere eisenartige Körper während des Abwiegens auf den Stahl gewirkt haben.

ſenkrechten Lage gehalten wird. Eine Stange von ſehr
hartem Eiſen, welche durch Glühen und Abkühlen in der
Richtung der magnetiſchen Linie einen Grad von bleibendem Magnetismus erhalten hat, wird dieſe Kraft durch
einige wenige ſtarke Schläge auf ihre Mitte ganz verlieren, oder ſie wird wenigſtens dadurch ſehr geſchwächt
werden.

Zum Schluß dieſes Capitels will ich noch diejenigen
Umſtände anführen, auf welche man hauptſächlich Achtung geben muß, wenn man die beſte Methode, künſtliche
Magnete zu machen, beſtimmen will; die praktiſchen An-
weiſungen hiezu aber werde ich dem dritten Theile vorbe-
halten.

1. Der dazu gewählte Körper muß von ſolcher Be-
ſchaffenheit ſeyn, wie es ſich für die Kraft, die ihn magnetiſch machen ſoll, ſchicket. Man muß ſich hiebey erinnern,
daß weiche eiſenartige Körper den Magnetismus leichter
annehmen, aber auch leichter wiederum verlieren, als
harte.

2. Hiernächſt muß man auf die Geſtalt der Körper
ſehen, wobey die Erfahrung lehrt, daß die länglichen allen übrigen vorzuziehen ſind. Nimmt man ſtählerne
Stäbe, ſo müſſen ſie ganz hart ſeyn, damit ſie die gröſte
mögliche Kraft annehmen, wofern man nur Magnete hat,
welche zu dieſer Abſicht ſtark genug ſind. Sind dieſe
Stäbe cylindriſch, ſo muß ihr Durchmeſſer ohngefähr $\frac{1}{15}$
ihrer Länge ausmachen; ſind ſie nicht cylindriſch, ſo muß
die Dicke ſo groß ſeyn, daß ſie an Gewichte ohngefähr den
cylindriſchen von gleicher Länge gleich kommen, deren
Durchmeſſer $\frac{1}{15}$ der Länge ausmacht.

3. Bey der Mittheilung des Magnetismus ſind
mehrere Magnete einem einzelnen weit vorzuziehen. Bey
der Anwendung ſelbſt muß man ſich erinnern, daß der
Südpol des Magnets den anliegenden Theil des Eiſens
zu einem Nordpole, und der Nordpol des Magnets dieſer
Theil zu einem Südpole macht.

4. Wenn man entweder gar keinen Magnet, oder nur einen sehr schwachen hat, und doch einen starken machen soll, so muß man Schritt vor Schritt zu Werke gehen. Da es unmöglich ist, einem großen und harten stählernen Stabe durch die Wirkung der Erde oder eines andern schwachen Magnets einen merklichen Grad von Magnetismus zu geben, so muß man damit anfangen, daß man mehrere kleine und weiche stählerne Stäbe magnetisch macht, indem man jeden einzeln an einen schwachen Magnet, oder, wenn man keinen hat, an eine oder mehrere gehörig gestellte eiserne Stangen hält, welche in diesem Falle wirkliche, obgleich schwache, Magnete sind. Wenn man dann diese kleinen bereits magnetisirten stählernen Stangen gehörig mit einander verbindet, so kann man den größern und härtern eine stärkere Kraft mittheilen; durch diese können noch größere magnetisiret werden, u. s. f.

Achtes Capitel.

Vermischte Bemerkungen.

Die Richtungskraft eines Magnets erstreckt sich weiter, als seine anziehende Kraft; wenn z. B. ein Magnet frey aufgehangen wird, und man in gewisser Entfernung von demselben einen andern Magnet gehörig aufstellet, so wird dieser den erstern aus seiner gewöhnlichen Richtung drehen; dennoch wird die Anziehung beyder Magnete gegen einander in dieser Entfernung noch nicht merklich seyn, wie man leicht untersuchen kann, wenn man den einen Magnet an die Schcale einer Wage befestiget. Die Ursache hievon ist diese, daß die Richtungskraft sowohl von der Anziehung der ungleichnamigen, als auch von der Repulsion der gleichnamigen Pole abhängt; da hingegen die Anziehung bloß zwischen den ungleichnamigen Polen statt findet. — Um sich diese Erklärung deutlicher zu machen; stelle man sich vor, eine Magnetnadel sey frey aufgehangen, und dem Wirkungskreise eines Magnets ausgesetzt. Wenn nun in dieser Stellung der Nordpol des Magnets den Südpol der Nadel mit einer Kraft von 18 Gran anzieht, so wird (weil die Anziehung zwischen den ungleichnamigen Polen ziemlich der Repulsion zwischen den gleichnamigen gleich ist) eben dieser Nordpol den Nordpol der Nadel ebenfalls mit 10 Gran Kraft abstoßen. Beyde Kräfte vereinigen sich, die Richtung der Nadel zu ändern; daher muß das Bestreben des Magnets, diese Richtung zu ändern, 20 Gran betragen. Die Anziehung hingegen, oder die Kraft, mit welcher die ganze Nadel gegen den Magnet getrieben wird, ist bloß dem Unterschiede zwischen den beyden vorerwähnten entgegengesetzten Kräften gleich, welcher daher entsteht, daß der Pol des Magnets dem einen Pole der Nadel näher, als dem andern ist. — Eben diese Bemerkungen kann man auf die Wirkung zwischen dem Südpole des Magnets und der aufgehangnen Nadel anwenden.

Einige Schriftsteller haben behauptet, daß, wenn ein kurzer Stab von weichem Stahl in irgend einer Lage zu wiederhohlten malen und von einem Ende zum andern mit einem eisernen Stabe von gnugsamer Länge, ebenfalls in jeder beliebigen Lage, gestrichen oder geschlagen werde, der stählerne Stab dadurch einen beträchtlichen Grad von Magnetismus erhalte. Man könnte vielleicht hieraus schließen, es sey nicht nothwendig den Ursprung des Magnetismus von der Erde herzuleiten. Aber eine genauere Untersuchung dieser angeblichen Erfahrung hat gezeigt, daß der stählerne Stab nicht in jeder Lage magnetisch werde. Zwar wird der eiserne Stab in jeder Lage, nur die auf der magnetischen Linie senkrechtstehende ausgenommen, durch die Wirkung der Erde in einigem Grade magnetisch; und also ist es, wenn man den Versuch auf Gerathewohl anstellet, fast unmöglich, den Stab gerade so nahe an diese Richtung zu bringen, daß

er gar keinen Magnetismus aus der Erde erhalten sollte.
Wenn man aber genau darauf siehet, daß beym Reiben
des stählernen Stabs, der eiserne in eine Richtung gebracht werde, welche der auf die magnetische Linie senkrechten nahe kömmt, so wird der Stahl gewiß keine magnetische Kraft erhalten. Ueberdies halte man den eisernen
Stab, in welcher Richtung man immer will, so wird doch
allemal der mitgetheilte Grad des Magnetismus größer
oder geringer seyn, je nachdem die Richtung des Stabes
der magnetischen Linie näher gekommen oder von derselben
entfernter geblieben ist; ein unbezweifelter Beweis, daß
der mitgetheilte Magnetismus ursprünglich aus der Erde
gekommen sey.

So viel möchte nun, in Absicht auf die Gesetze des
Magnetismus für diesen Theil des gegenwärtigen Werks
genug seyn; denn ob es gleich noch verschiedene andere
Umstände giebt, deren Kenntniß nöthig ist, so gehören doch
dieselben entweder in den praktischen Theil, oder lassen
sich ohne Beschreibung anderer Versuche nicht wohl verstehen; daher ich sie an andern schicklichern Stellen anführ-
ren werde. Ich will daher diesen Theil mit der Widerlegung einiger falschen Begriffe und Behauptungen vom
Magnetismus beschließen, welche durch Unwissenheit und
Betrug entstanden und eingeführt worden sind.

Betrüger, welche jede Gelegenheit, andere Menschen
zu hintergehen, bereitwillig ergreifen, und Unwissende,
welche stets das Geheimnißvolle lieben, haben von unden-
lichen Zeiten her dem Magnete manche außerordentliche
Eigenschaften beygelegt, welche nicht allein der gesunden
Vernunft, sondern auch allen den Versuchen widersprechen,
die bisher angestellt worden sind, und von verständigen
und unpartheyischen Männern leicht wiederholt werden
können.

Man glaubte ehedem, es gebe verschiedene Arten
von Magneten, deren einige Gold, andere Eisen u. s. w.

anzögen; und nur noch vor kurzem bildeten sich unwissende Leute ein, es gebe einen weissen Magnetstein, der das
Fleisch anziehe. Der Ursprung dieses Irrthums ist dieser,
daß einige Mineralien, vorzüglich die thonartigen die
Feuchtigkeit sehr schnell in sich ziehen, und daher, wenn
man sie an die Lippen bringt, ziemlich fest anhängen.

Auch ist in der Lehre vom Magnet nicht wenig Ver-
wirrung daher entstanden, daß man das Wort **Magnetismus** bey andern Dingen gebraucht hat, die den Magnet
ganz und gar nicht angehen. Einige alte Schriftsteller haben die chymische Verwandschaft der Metalle Magnetismus genannt. Man hat den Schwingungen, welche der Schall der Sayten oder Pfeiffen in andern gleich
gestimmten erregt, den Namen eines musikalischen Magnetismus beylegen wollen. So hört man bisweilen von
Magnetismus der Sternkunde, des Wassers u. dgl.

Die größten Thorheiten aber, die über den Magnet
vorgebracht worden sind, betreffen seine vorgegebnen medicinischen Eigenschaften. Schon im Anfange des vorigen
Jahrhunderts glaubte man fast allgemein, ein Pflaster
mit gepülvertem Magnet bestreut und auf eine Wunde gelegt, ziehe das Eisen, und wohl gar ein Messer aus dem
menschlichen Körper *) Man sagte auch, die Chymiker
könnten aus dem Magnet, außer einigen andern Präpa-
raten, ein Oel von wunderbarer Wirksamkeit ausziehen.
Selbst heut zu Tage ist es eben nicht ungewöhnlich,
Leute zu finden, welche glauben, daß das Auflegen des
Magnets Zahnschmerzen heile, die Schmerzen der Ge-
bährenden lindere, Geschwülste zertheile u. s. w. oder im
Gegentheil, daß Verwundungen mit einem Messer oder
andern stählernen Werkzeuge, welches vorher mit einem
Magnet bestrichen worden, tödtlich sind.

*) Kircher, der selbst die entgegengesetzte Meinung be-
hauptete, erzählt einige solche Geschichten. Man s. sein Werk
De arte magnetica L. III. c. 2.

Ohne meine Leser mit der Anführung mehrerer Thorheiten länger aufzuhalten, will ich bloß bemerken, daß sich keine von diesen vorgeblichen medicinischen oder verderblichen Eigenschaften des Magnets durch glaubwürdige Versuche bestätige; und da der Magnetismus weder auf Geruch, noch auf Gefühl oder irgend einen andern Sinn des Körpers wirkt, so ist es im höchsten Grade unwahrscheinlich, daß derselbe einigen Einfluß auf den thierischen Körper haben sollte. Denn ob es gleich fast in allen Theilen des Körpers Eisentheile giebt, so sind dieselben doch so fein zertheilt, verkalkt und in Vergleichung mit den andern Bestandtheilen in so geringer Anzahl vorhanden, daß im natürlichen Zustande der Magnet gar keine Wirkung auf sie haben kann.

Zweyter Theil.
Theorie des Magnetismus.

Die Anziehung des Magnets, vielleicht auch die meisten übrigen Eigenschaften desselben sind von undenklichen Zeiten her gekannt und bewundert worden; die Ursache dieser besondern Eigenschaften aber ist den genauesten Untersuchungen sehr geschickter Naturforscher noch immer entgangen. Man hat zwar zu ihrer Erklärung verschiedene Theorien ersonnen, und manche Muthmaßungen aus andern, dem Magnetismus einigermaßen ähnlichen Naturkräften hergeleitet; es findet sich aber noch ein sehr großer Unterschied zwischen der Sache selbst und den Erfindungen der menschlichen Einbildungskraft. Die erste muß durch Mühe und Arbeit untersucht und erkannt werden, und belohnt nur den Fleiß des Forschers; die letztern zeigen oft die Schwäche des menschlichen Verstandes und verleiten den, der ihnen blindlings folgt, in Irrthum.

Demohnerachtet sind die Hypothesen zu Erklärung der natürlichen Erscheinungen nicht ganz ohne Nutzen für die Naturlehre gewesen; sie haben wenigstens die Experimentaluntersuchung befördert, weil man sie durch Versuche entweder zu bestätigen oder zu widerlegen suchte. Denn das unterscheidende Kennzeichen zwischen einer falschen oder sehr wahrscheinlichen Hypothese ist dieses, daß bey weiterer Untersuchung das Zureichende der letztern zur Erklärung der natürlichen Erscheinungen, immer deutlicher in die Augen fällt, da hingegen bey der erstern ihre Widersprüche immer mehr offenbar werden. Es ist daher nützlich, wenn man erst eine Anzahl Thatsachen oder Naturgesetze bestimmt hat, eine Theorie zu Erklärung derselben zu versuchen; und hat man durch eine solche Theorie einmal die wahre Ursache getroffen und festgesetzt, so wird die Anwendung der Wirkungen selbst weit leichter und allgemeiner. Man muß aber jeden, der die Wirkungen der Natur untersucht, ernstlich warnen, daß er sich keiner Hypothese allzusehr ergebe, sogar, wenn sie den höchsten Grad der Wahrscheinlichkeit zu haben scheint.

Diesen Bemerkungen zu Folge werden die Leser in diesem Theile des gegenwärtigen Werks keine umständliche Beschreibung aller, oder auch nur der vornehmsten Hypothesen erwarten, welche von den Schriftstellern verschiedener Zeiten in der Lehre vom Magnet aufgestellet worden sind. Ich werde kürzlich bloß dasjenige anführen, was das wahrscheinlichste zu seyn scheint oder zu weiterer Untersuchung dieser Materie veranlassen kann; und muß also diejenigen, welche mehrere Hypothesen untersuchen wollen, auf andere Schriften vom Magnetismus verweisen.

Erstes Capitel.

Von dem Magnetismus der Erde.

Die Hypothese, daß die Erdkugel ein großer Magnet sey, und daß von ihr die Kraft der gewöhnlichen Magnete, die Richtung der Magnetnadeln, u. s. w. herrühre, wird durch so viele Beobachtungen bestätiget, daß schwerlich ein Naturforscher den Scepticismus so weit treiben kann, um an ihrer Richtigkeit zu zweifeln. Die vornehmsten Gründe, welche die Wahrheit derselben fast bis zur Demonstration beweisen, sind erstens, daß man fast alle Erscheinungen des gewöhnlichen Magnets auch an der Erdkugel darstellen kann, in so fern mir die Umstände eine Anstellung von Versuchen zulassen; und zweitens, daß man fast in jedem Theile der Erde große wirklich magnetische Massen von Eisen und eisenartigen Substanzen findet.

Die Erscheinungen des Compasses und der Inclinationsnadel in den verschiedenen Theilen der Welt inglei

chen der Magnetismus, welchen weiches Eisen in einer
gehörigen Stellung von selbst erhält, können durch einen
gewöhnlichen Magnet oder eine Terrelle ganz genau nachgeahmt werden; aber das einzige Phänomen, welches man
bey der Erde noch nicht beobachtet hat, und welches doch
die Haupteigenschaft der gewöhnlichen Magnete ausmacht,
ist die Anziehung eines einzelnen Stücks Eisen, oder anderer eisenartigen Körper. Wenn man z. B. ein Stück
Eisen gegen einen von den Polen eines gewöhnlichen Magnets hält, so wird es von demselben stark angezogen;
hält man es aber gegen die Mitte des Magnets, so wird
man die Anziehung kaum merklich, oder wenigstens weit
schwächer als an den Polen, finden. Dem zu Folge könnte
man vermuthen, daß ein Stück Eisen stärker werde gegen
die Erde gezogen werden, wenn es sich bey den Polen der
Erde, als wenn es sich bey dem Aequator befindet; welche Anziehung sich mit der Schwere verbinden, und sich
dadurch zeigen müßte, daß eben dasselbe Stück Eisen bey den
Polen gewogen, ein anderes Gewicht hätte, als in der
Gegend des Aequators. Denn wäre die magnetische Anziehung der Erde überhaupt merklich, so müßte es im erstern
Falle mehr, als im letztern wiegen. Man hat zwar noch
nie einen solchen Unterschied der Gewichte gefunden; inzwischen bin ich geneigt zu glauben, daß der Versuch gelingen würde, wenn man ihn mit aller hiezu nöthigen
Feinheit und Genauigkeit anstellete; man würde nemlich
ebendasselbe Stück Eisen in den Ländern gegen die Pole
etwas schwerer finden, als in den Gegenden um den Aequator; gesetzt aber auch, man fände gar keinen solchen
Unterschied der Gewichte, so würde man doch daraus
nicht schliessen können, daß die Erde gegen das Eisen an
ihrer Oberfläche keine magnetische Anziehung äußere, und
daß diese Anziehung nicht bey den Polen stärker, als bey
dem Aequator sey. Denn fürs erste ist der Magnetismus
der Erde sehr schwach, und also der Unterschied der Anziehung an verschiedenen Orten sehr gering, dennoch aber die

richtende Kraft ziemlich stark, weil sie sich, wie wir im
vorigen Theile gezeigt haben, auf eine weit größere Entfernung, als die anziehende, erstreckt. Zweytens muß
man in Betrachtung ziehen, daß der Aequatorialdurch-
messer der Erde größer ist, als die durch die Pole gehende
Axe, und daß die Gravitation oder das Gewicht der Körper im umgekehrten Verhältniß des Quadrats der Entfernung vom Mittelpunkte der Erde abnimmt, daher
denn auch ohne die magnetische Anziehung, bloß um der
Gravitation willen, das Stück Eisen bey den Polen mehr
wiegen muß, als beym Aequator; weil es bey den Polen
dem Mittelpunkte der Erde in der That näher ist, als
beym Aequator.

Wenn die Magnetnadel allezeit genau nach Norden
und Süden, oder allezeit auf eine von diesen Punkten
gleichweit abstehende Gegend hinwiese, so würde daraus
zu schließen seyn, daß die Erde zween feste magnetische
Pole hätte, welche entweder mit den Polen ihrer Umdrehung übereinkämen, oder sich in einem gewissen Abstande
von denselben befänden. Allein die beständige Veränderung der Magnetnadel zeigt, daß diese magnetischen Pole
der Erde in Rücksicht auf die Erdfläche ihren Ort verändern. Hierüber haben nun einige scharfsinnige Naturforscher der Welt verschiedene Muthmaßungen vorgelegt.
Man hat innerhalb der Erde einen großen Magnet annehmen wollen, der an der äußern Rinde nicht anhänge,
mithin in Absicht auf dieselbe beweglich sey, und also die
Veränderungen der Nadel veranlasse; wenn aber dieses
der Fall wäre, so müßte die Veränderung regelmäßig seyn,
d. i. sie müßte an allen Orten der Welt so erfolgen, daß sie
sich nach den zween Polen des großen innern Magnets
richtete, welches jedoch nicht geschieht.

Um daher das Mangelhafte dieser Hypothese zu er-
gänzen, nahm man ferner an, es gebe vier magnetische
Pole in der Erde, welche sich gegen einander bewegten;
und es müsse daher die Variation der Nadel von der ver-

einten Wirkung aller dieser Pole zusammen hergeleitet
werden, wodurch die Theorie derselben sehr verwickelt werden würde: demohngeachtet müste doch auch in diesem
Falle noch immer etwas Regelmäßiges, und gewisse Gesetze
und Grenzen bey der Variation wahrgenommen werden;
welches aber doch nicht statt findet. Kurz, ohne die Leser
länger hiemit aufzuhalten, wird es genug seyn zu sagen,
daß noch keine der bisherigen Theorien hinreichend gewesen ist, die Variation der Nadel für irgend eine zukünftige
Zeit, oder für einen Ort außerhalb der Gegenden, in welchen wirkliche Beobachtungen angestellt worden sind, anzugeben.

Es wird hier die schicklichste Stelle seyn, etwas weniges von den vornehmsten Variationskarten anzuführen,
welche theils von D. Edmund Halley aus den Beobachtungen im Anfange des jetzigen Jahrhunderts, theils
von den Herren Mountaine und Dodson nach den
Beobachtungen vom Jahre 1756 verzeichnet worden
sind. *)

Die gewöhnliche Methode, solche Karten zu verzeich-
nen, ist diese, daß man auf einer allgemeinen Weltkarte
alle diejenigen Orte mit Punkten bemerkt, in welchen die
Abweichung der Magnetnadel beobachtet worden ist, und
daß man alsdann Linien durch diese Punkte zieht, so daß
durch alle diejenigen Orte, an welchen die Abweichung
der Nadel gleich groß gefunden worden ist, einerley Linie
gehe, es mag nun dieselbe krumm oder gerade ausfallen;
so zieht man z. B. eine Linie durch alle diejenigen Orte, an
welchen die Abweichung 10 Grad westlich ist, eine andere
durch diejenigen, wo die Abweichung eine andere Zahl von
Graden ausmacht, u. s. w. Man nennt dieses Abwei-
chungs-Linien **). Man sieht leicht, daß bey diesem

*) Man sehe die Philof. Trans. Vol. L. für das Jahr 1757.
**) Diejenigen Linien, welche durch Punkte gehen, wo das
nördliche Ende der Nadel von dem Meridiane des Orts ostwärts abweicht, heissen östliche Abweichungslinien; diejen)

Verfahren die Variation der Nadel an den meisten Stellen bloß durch Rathen oder durch den Zug der Linie bestimmt werden muß; und ob man gleich eine Art von Convergenz der Abweichungslinien gegen gewisse Hauptpunkte bemerkt, so ist doch diese anscheinende Regelmäßigkeit vielen Ausnahmen unterworfen, welche den Nutzen dieser Abweichungskarten sehr vermindern.

Auf D. Halley's Karte durchschneidet die Linie, in welcher die Abweichung Null ist, den londner Meridian ohngefähr um den 55sten Grad südlicher Breite, geht dann in einem Bogen auf die Westseite dieses Meridians, krümmt sich desto mehr, je weiter sie in der nördlichen Halbkugel fortgeht, und endiget sich bey Charles-Town an der Küste von Nordamerika.

Auf der andern oben angeführten Karte geht diese Linie mehr westwärts von dem londner Meridiane ab, macht eine noch unregelmäßigere Krümmung und endiget sich an der Küste von Florida, um den 30sten Grad nördlicher Breite.

Die östlichen Abweichungslinien liegen an der hohlen Seite der vorerwähnten Linie, die westlichen an der erhabenen; diese letztern gehen bis auf eine ziemliche Entfernung fast mit eben der Krümmung fort, welche die Linie der Abweichung Null hat, wenn man aber bis diesseits des Wendekreises des Krebses kömmt, so stehen die westlichen Abweichungslinien fast senkrecht auf dem Meridian.

Im indischen Meere und in den Gewässern zwischen der Insel Madagascar und dem Südpole sind die Abweichungslinien weit unregelmäßiger, so daß es unmöglich wird, durch bloße Beschreibung einen deutlichen Begrif

gen hingegen, welche durch Punkte gezogen sind, wo das nördliche Ende der Nadel westwärts vom Meridian abweicht, werden westliche Abweichungslinien genannt; die Linien endlich durch diejenigen Punkte, wo die Nadel in den Meridian selbst hinweiset, heißen Linien für die Abweichung Null (lines of no declination).

davon zu geben: daher ich diejenigen Leser, welche diesen Gegenstand weiter untersuchen wollen, auf die gedachten Karten selbst verweisen muß.

Ein merkwürdiger Umstand bey diesen Karten ist dieser, daß die Abweichungslinien einander nirgends kreuzen.

Meiner Meynung nach mag wohl der Magnetismus der Erde von der magnetischen Kraft aller in ihr enthaltenen und mit andern Körpern vermischten magnetischen Substanzen entstehen. Wäre dies, so könnte man die magnetischen Pole der Erde als die Mittelpunkte der Polarität aller particulären Aggregate von magnetischen Substanzen ansehen, und es müsten diese Hauptpole ihren Ort gegen die Oberfläche der Erde so oft ändern, als sich diese Aggregate magnetischer Substanzen in der Erde auf eine oder die andere Art veränderten, indem entweder ihre Kraft vermehrt und vermindert, oder sie den Hauptpolen näher gebracht und davon entfernt würden. Da aber diese Gedanken sich vornehmlich auf einige meiner eignen Versuche gründen, so will ich nichts weiter von denselben erwähnen, bis ich im vierten Theile dieses Werks die gedachten Versuche werde angeführt haben.

Ob man gleich in Absicht auf die Variation der Magnetnadel nichts regelmäßiges hat festsetzen können, so will ich doch (weil die verschiedene Lage der magnetischen Pole innerhalb der Erde sehr mannigfaltige Erscheinungen veranlasset, und die richtige Kenntniß derselben denen, welche diesen verwickelten und doch für das Wohl der menschlichen Gesellschaft so wichtigen Gegenstand weiter untersuchen wollen, sehr nützlich ist) die vornehmsten Fälle anführen, welche in Absicht auf die Lage der magnetischen Pole möglich sind. Ich will hiebey annehmen, daß es zween Pole giebt, und daß dieselben auf der Oberfläche der Erde liegen. Es sind dieser Fälle vier *).

*) Diese vier Fälle sind von D. Lorimer, einem großen Kenner der Lehre vom Magnet, aus einander gesetzt worden.

Erster Fall. Wenn die magnetischen Pole mit den Polen der Umdrehung der Erde übereinkämen, (und die Erde durchaus gleichförmig magnetisch wäre) so könnte es an keinem Orte der Welt irgend eine Abweichung oder Variation des Seecompasses geben; denn in diesem Falle würde die Nadel, indem sie nach den magnetischen Polen wiese, allezeit auch auf die wahren Erdpole zeigen; sie würde sich also nothwendig in die Richtung der Mittagslinie stellen, oder sie würde weder östliche noch westliche Abweichung oder Variation haben.

Zweyter Fall. Wenn die magnetischen Pole unter einerley Meridian, aber in entgegengesetzten Parallelkreisen lägen, so würde unter dem Meridiane, welcher durch die magnetischen und durch die eigentlichen Pole zugleich gienge, sowohl zwischen den beyden magnetischen Polen, als auch in der entgegengesetzten Hälfte des Meridians, aus den beym ersten Falle angeführten Ursachen, ebenfalls keine Abweichung statt finden können. Auch würde man unter dem Aequator keine Abweichung wahrnehmen. Denn es würde zwar, wenn nur ein einziger magnetischer Pol auf die Nadel wirkte, die Abweichung zunehmen, wenn man längst dem Aequator hin bis auf den 90sten Grad östlicher oder westlicher Länge fortgienge, und sie würde an dieser Stelle, nemlich 90° weit von der Linie, in der die Abweichung Null ist, dem Winkel gleich seyn, um welchen der magnetische Pol vom wahren Pole entfernt wäre; da aber im gegenwärtigen Falle der andere magnetische Pol allemal in eben demselben Abstande von der Nadel bleibt, so wird er auf das entgegengesetzte Ende derselben mit gleicher Kraft wirken, und also die Nadel selbst, rings um den ganzen Aequator in paralleler Lage erhalten. Geht man aber vom Aequator nordwärts oder südwärts, so muß die Abweichung so zunehmen, daß sie in den kleinen Bogen oder Theilen des Meridians, welche zwischen den wahren und den magnetischen Polen liegen, 180° beträgt, welches in allen Fällen die größte mögliche

Abweichung ist. Ferner ist zu bemerken, daß in diesem Falle die Linien, in welchen die Abweichung Null ist, und welche diese Bogen, wo sie 180° ist, mit in sich begreifen, zween größte Kreise der Kugel längst dem Meridiane und dem Aequator hin bilden werden, die sich unter rechten Winkeln durchschneiden, und die Oberfläche der Erdkugel in vier Viertel, zwey in jeder Halbkugel, theilen, wobey die eine die westliche Abweichung in der nördlichen und die östliche in der südlichen Hälfte, die andere Halbkugel aber gerade umgekehret, haben wird, so daß jeder Bogen oder Halbkreis, wo die Abweichung Null ist, die östliche Abweichung zur einen und die westliche zur andern Seite hat. Die kleinen Bogen, wo die Abweichung 180 Grad ist, welche zwischen den magnetischen und den eigentlichen Polen liegen, kann man auf alle Fälle als Theile der Linien, in welchen sie Null ist, ansehen; denn die Nadel stellt sich daselbst eben sowohl in den Meridian, als in den übrigen Theilen des Kreises, obgleich ihre Enden eine umgekehrte Lage haben. Kurz, so wie hier alle Abweichungslinien in den magnetischen und wahren Polen coincidiren und aufhören, so machen auch diese Bogen der Abweichung von 180 Graden eine Art von Grenze aus, und bilden mit jeder von diesen Linien eine in sich selbst zurückgehende Curve oder Figur; von welchen Figuren, von der Abweichung 180° zwischen den Polen an bis zur Abweichung 0° unter dem Aequator, immer eine einen größern Raum einschließt, als die andere, bis sie zuletzt ein ganzes Viertel von der Oberfläche der Erde ausfüllen, und sich so genau als möglich nach der Größe und Gestalt der Erdfläche richten.

Als eine Abänderung dieses Falles kann man noch den hinzusetzen, da die magnetische Pole in einerley Meridiane, aber in nicht entgegengesetzten Parallelkreisen liegen. Die einzige Veränderung, welche hieraus entstehen kann, ist diese, daß in derjenigen Halbkugel, in welcher die magnetischen Pole und die eigentlichen am nächsten bey

einander liegen, die Figuren, welche die Abweichungslinien bilden, schmäler, die correspondirenden Figuren
der andern Halbkugel hingegen breiter werden. Auch
wird die Linie, in welcher die Abweichung Null ist, welche
in diesem Falle den Aequator vorstellet, denjenigen Polen,
welche am nächsten bey einander sind, verhältnißmäßig
näher liegen, als den beyden andern.

Dritter Fall. Wenn die magnetischen Pole in entgegengesetzten Meridianen und in entgegengesetzten Parallelkreisen liegen, so kann aus den bey den vorigen Fällen angeführten Ursachen unter denjenigen Meridianen, welche
durch die magnetischen und wahren Pole gehen, keine Abweichung statt finden. Unter dem Aequator aber, ostwärts
und westwärts bis auf 90° der Länge fortgerechnet, wird die
Abweichung immer mehr zunehmen, bis sie dem Winkel
gleich wird, dessen Maaß der Abstand zwischen den magnetischen und den wahren Polen ist; von da aus aber wird sie die
übrigen 90 Grade hindurch bis an den entgegengesetzten
Meridian wieder abnehmen. Die Abweichungslinien von
10°, 20° u.s.f., bis zur größten Abweichung unter dem
Aequator, werden in diesem Falle Bogen oder Curven, welche sich, so viel möglich, nach dem Gange und der Richtung
der Linien, in welchen die Abweichung Null ist, richten, und
Linien der ersten Ordnung genannt werden. Diejenigen
Linien aber, wo die Abweichung unter dem Aequator am
größten ist, kreuzen einander in Form eines X, oder wie zween
oben zusammenstoßende gothische Gewölbbogen, 90° weit
von dem Meridiane oder Kreise, wo die Abweichung Null ist.
Man nennt sie Linien der zweyten Ordnung, und sie lassen sich
sehr schicklich als Grenzen zwischen den Linien der ersten und
dritten Ordnung betrachten, so wie die Linien der Abweichung
Null allezeit Grenzen zwischen den östlichen und westlichen
Abweichungslinien sind. In dem gegenwärtigen Falle bleiben die Linien der Abweichung Null, welche die Bogen der
Abweichung 180° mit in sich begreifen, nur einen größten
Kreis längst dem Meridiane, welcher die Oberfläche der Erde

in zwo Halbkugeln theilt, in deren einer die Abweichung
östlich, in der andern westlich ist.

Von der größten Abweichung unter dem Aequator
bis zu den Bogen der Abweichung 180° laufen die Abweichungslinien der dritten Ordnung, welches Curven sind,
die in sich selbst zurückkehren, und fast wie Parabeln aus-
sehen, welche man auf den Bogen der Abweichung 180°
errichtet hätte.

Als eine Abänderung dieses Falles kann man noch
den hinzusetzen, da die magnetischen Pole in entgegengesetzten Meridianen, aber in nicht entgegengesetzten Parallelkreisen liegen. Hiebey wird in derjenigen Halbkugel,
in welcher die wahren und die magnetischen Pole einander
am nächsten liegen, die Figur, welche die Abweichungslinien bilden, schmäler, in der entgegengesetzten Halbkugel hingegen verhältnißmäßig breiter seyn.

Vierter Fall. Dieser Fall ist von sehr weitem
Umfange, wenn nemlich die magnetischen Pole weder in
einerley noch in entgegengesetzten Meridianen liegen; und
dies scheint auch die wirkliche Stellung dieser Pole gewesen zu seyn, seitdem man Beobachtungen über die Abweichung der Magnetnadel angestellt hat.

In diesem Falle nun können die Linien, wo die Abweichung Null ist, weder in der Richtung eines Meridians, noch in der des Aequators fortgehen, sondern sie
müssen Curven bilden, welche gegen beyderley Richtungen
verschiedentlich geneigt sind; sie theilen auch die Erdfläche
zwar in zween Theile, aber diese Theile sind nicht Halbkugeln, wie im vorigen Falle, sondern von sehr verschiedener Größe. Liegen die magnetischen Pole in Meridianen, welche einander beynahe entgegengesetzt sind, so
wird die Krümmung dieser Linien nicht so groß seyn, und
sie werden mehr denen beym dritten Falle ähnlich werden.
Wenn aber diese Pole näher an einerley Meridian zusam-
menrücken, so wird die Krümmung der Linien, in welchen die Abweichung Null ist, größer werden, bis sie

einander fast berühren, beynahe die Figur der Zahl 8 bilden, und endlich, wie im zweyten Falle, zween gröſte Kreiſe ausmachen. Die Linien der zweyten Ordnung, welche bey der gröſten Abweichung unter dem Aequator anfangen, haben, wenn die magnetiſchen Pole beynahe in entgegengeſetzten Meridianen liegen, eine Abweichung, welche ziemlich dem zwiſchen den magnetiſchen und den wahren Polen enthaltenen Bogen gleich iſt, wie im dritten Falle; wenn aber die magnetiſchen Pole gegen einerley Meridian zuſammenrücken, ſo nimmt dieſe Abweichung ab, bis ſie endlich ganz verſchwindet, wie im zweyten Falle. Die andern Abweichungslinien in dieſem Falle ſind denen im vorigen ſo ähnlich, daß ſie blos auf denſelben bezogen werden dürfen. Endlich iſt noch zu bemerken, daß es ſowohl in dieſem als in dem vorigen Falle wenig Unterſchied macht, es mögen die magnetiſchen Pole in entgegengeſetzten Parallelkreiſen liegen, oder nicht.

Bis hieher ſind die magnetiſchen Pole noch immer ſo betrachtet worden, als ob ſie auf der Oberfläche der Erde lägen; wenn wir aber über ihre wahrſcheinliche Lage aufmerkſam nachdenken, ſo findet ſich, daß ſie allem Anſehen nach nicht an der Oberfläche der Erde, ſondern in einiger Tiefe unter derſelben liegen; wenigſtens iſt dieſes der Fall bey dem Südpole. Denn da das Seewaſſer nicht magnetiſch iſt, und die ſüdliche Halbkugel, beſonders um den Pol, weit mehr Waſſer als Land enthält, ſo folgt, daß der magnetiſche Südpol aufs wenigſte erſt im Meergrunde liegen kann; daher denn auch die Variation der Nadel in dieſer Halbkugel ganz eine andere ſeyn muß, als wenn der magnetiſche Pol auf der Oberfläche der Erdkugel läge. Eben dieſe Bemerkungen können auch auf die Lage des Nordpols angewendet werden. Ueberdies muß man auch auf das Unregelmäßige ſehen, welches aus der ungleichen Vertheilung des feſten Landes und der Meere entſpringt; da man ſich leichte vorſtellen kann, daß ein großer Strich Landes auf der einen Seite der Magnetna-

bel dieselbe aus dem eigentlichen Meridiane ziehen muß,
da hingegen ein großes Meer eine solche Wirkung nicht
thun kann. Inzwischen liegt hierin noch mancherley Verschiedenheit, welche von der Beschaffenheit des Landes,
der Tiefe des Meeres, der Natur des Meergrundes und
dergl. abhängt. Es scheint daher, daß sich sehr viele Ursachen mit einander verbinden, um auf die Magnetnadel
zu wirken, und sie von dem wahren Meridian abzulenken;
daher es fast unmöglich scheint, eine brauchbare Theorie
hierüber zu entwerfen. Da aber dennoch dieser Gegenstand so wichtig für die menschliche Gesellschaft, besonders für die Verbesserung der Schiffahrt ist, so will ich
durch diese Behauptungen nicht von einer weitern Untersuchung abschrecken; ich habe es aber doch für nöthig gehalten, alle scheinbare Schwierigkeiten desselben dem ent-
schloßnen Forscher in dieser verwickelten und schweren Untersuchung vor Augen zu legen.

Zweytes Capitel.

Aehnlichkeit des Magnetismus und der Elektricität.

Als sich unsere Kenntnisse von der Elektricität noch ganz
allein auf die Eigenschaften des Bernsteins und einiger wenigen andern Substanzen welche nach dem Reiben
leichte Körper anziehen, einschränkten, konnte man diese
Anziehung schwerlich von der magnetischen unterscheiden;
und in der That gedenken ältere Schriftsteller der angeführten Eigenschaften des Bernsteins oft unter dem Namen eines Magnetismus desselben. Die neuern Erweiterungen
der Wissenschaften aber, vornehmlich vom gegenwärtigen
Jahrhundert, haben gezeigt, daß die Elektricität und der
Magnetismus zwo ganz von einander unterschiedene Na-
turkräfte sind, ob gleich, wie man eingestehen muß, zwischen beyden eine auffallende Aehnlichkeit statt findet. Da
man nun durch Verfolgung der Aehnlichkeiten zweyer Ge-

genstände oft auf Entdeckungen in der Naturkunde geleitet worden ist, so scheint es mir nöthig, die Umstände
anzuführen, in welchen der Magnetismus und die Elektricität einander ähnlich sind, dabey aber auch derjenigen
zu gedenken, in welchen sie sich noch weit wesentlicher von
einander unterscheiden.

Die Kraft, welche die Naturforscher die Elektricität nennen, ist von doppelter Art, nemlich die positive
und die negative Elektricität. Es ist in dieser Lehre
ein Gesetz ohne Ausnahme, daß Körper, welche einerley
Elektricität haben, einander zurückstoßen, da hingegen
diejenigen, welche verschiedene Elektricitäten zeigen, einander anziehen.

Eben so giebt es beym Magnet einen Nord= und
einen Südpol; diejenigen Theile magnetischer Körper,
welche einerley Polarität haben, stoßen sich zurück, da
hingegen diejenigen, welche verschiedene Polaritäten besitzen, einander anziehen.

Wenn bey der Elektricität ein im natürlichen Zustande befindlicher Körper in den Wirkungskreis eines
elektrisirten gebracht wird, so wird er selbst elektrisiret,
erhält die entgegengesetzte Elektricität von jenem, und es
erfolgt eine Anziehung; so daß es in der That keine elektrische Anziehung giebt, außer zwischen Körpern von entgegengesetzten Elektricitäten. Wird z. B. ein Streif Papier einer positiv elektrisirten Glasröhre nahe genug gebracht, so erhält derselbe eine negative Elektricität, und
wird alsdann von der Röhre angezogen; ist aber das Papier so beschaffen oder in solchen Umständen, daß es keine
negative Elektricität annehmen kann, so findet auch keine
Anziehung statt.

Eben so kann auch ein eisenartiger Körper, der in
den Wirkungskreis eines Magnets kömmt, von keinem
Pole des letztern angezogen werden, er habe denn zuvor
eine entgegengesetzte Polarität erhalten.

Keine Art der Elektricität kann allein hervorgebracht werden, sondern sie ist allezeit von der andern begleitet; wird z. B. eine Glasröhre an ihrer äußern Fläche positiv elektrisirt, so muß zugleich eine negative Elektricität, entweder an der innern Fläche, oder in der die Röhre umgebenden Luft da seyn.

Auf eben diese Art sind allezeit beyde magnetische Pole zugleich vorhanden, und man kann nie einen Körper hervorbringen, der nur die eine Polarität und nicht auch zugleich die andere hätte.

Man kann die elektrische Kraft durch gewisse Körper, z. B. Glas, Bernstein, Harze u. s. w., welche elektrische genannt werden, aufhalten und einschließen; andere Körper hingegen, welche Leiter oder Nicht-elektrische heißen, werden ohne Schwierigkeit von ihr durchdrungen.

So wird auch die magnetische Kraft von den eisenartigen Substanzen, besonders den harten, z. B. harten Stahl und Magnetstein aufgehalten: hingegen bringt sie leicht und ohne merkliche Hinderung durch alle andere Arten von Körpern.

Im Gegentheil aber ist auch die magnetische Kraft von der elektrischen in vielen Stücken unterschieden. Erstens wirkt sie auf unsere Sinne nie durch Licht, Geruch, Gefühl und Schall; dahingegen der elektrische Funken, Geruch und Schlag jedem, der mit elektrischen Versuchen umgeht, bekannt sind. Zweytens zieht der Magnet bloß Eisen oder solche Körper, welche dieses Metall in irgend einem Zustande enthalten, dahingegen die elektrische Kraft Körper jeder Art anzieht. Drittens hat die elektrische Kraft ihren Sitz auf der Oberfläche elektrisirter Körper, die magnetische aber ganz in ihrem Innern. Endlich verliert der Magnet durch die Mittheilung an andere Körper nichts von seiner Kraft; ein elektrisirter Körper aber verliert allerdings einen Theil seiner Elektricität, wenn er andere elektrisirt. Inzwischen ist hiebey zu bemerken, daß dieser Verlust nur dann statt findet, wenn sich beyde Körper wirklich berühren, und der andere Körper dadurch ebendieselbe Art der Elektricität erhält; wird aber der andere Körper blos dadurch elektrisiret, daß man ihn in den Wirkungskreis des erstern bringt, in welchem Falle er die entgegengesetzte Elektricität erhält, so verliert jener nichts von seiner Kraft. Der Körper A z. B. besitze einen gewissen Grad von positiver Elektricität, und man bringe einen andern Körper B im natürlichen Zustande nach und nach gegen ihn; so wird der Körper B, wenn er bis auf eine gewisse Distanz an den elektrisirten Körper A herankömmt, eine negative Elektricität erhalten, welche nichts von der Kraft des Körpers A hinwegnimmt; kommen aber beyde Körper einander bis zur Berührung, oder nur so nahe, daß die Elektricität von A in B übergehen kann, so wird B positiv elektrisirt, und A verliert dadurch einen Theil seiner Kraft. Dieser letzte Fall nun scheint, wenn man die Sache gehörig betrachtet, beym Magnet niemals statt zu finden; denn die Körper scheinen blos durch die Kraft der Wirkungskreise magnetisch zu werden, d. i. durch diejenige Kraft, welche die Magnete fähig macht, in die Entfernung zu wirken. Man kann daher ganz richtig sagen, daß elektrisirte und magnetische Körper auch darin übereinkommen, daß sie nichts von ihrer Kraft verlieren, wenn andere Körper durch ihre Wirkungskreise elektrisiret oder magnetisch gemacht werden.

Vielleicht werden diejenigen, welche beyde Gegenstände genau untersuchen, noch mehrere andere Aehnlichkeiten *) und Verschiedenheiten zwischen dem Magnetismus und der Elektricität antreffen; man wird aber, wie ich glaube, bey aufmerksamer Betrachtung finden, daß dieselben alle unter den oben angeführten mit begriffen sind.

*) Z. B. daß das Nordlicht, welches man für eine elektrische Erscheinung hält, einen hellen Bogen bildet, dessen Mitte gemeiniglich in den magnetischen Meridian fällt.

Drittes Capitel.

Von der Hypothese einer magnetischen Materie.

Die Hauptfrage bey der Lehre vom Magnet ist diese, was es für eine Ursache sey, welche in einem Magnete von dieser oder jener Art, die Anziehung, Repulsion und andere magnetische Erscheinungen hervorbringt. Es ist in der That sehr überraschend, daß ein Stück Stahl u. dergl. durch die bloße Berührung oder auch nur durch die Nähe eines Magnets verschiedene außerordentliche Eigenschaften annimmt, welche es auch hernach beybehält, und wobey doch sein Gewicht, seine Gestalt, Farbe und Härte gar nicht merklich geändert wird; daß es ferner hiebey nicht das Ansehen hat, als ob dem Stahle etwas vom Magnet mitgetheilt würde, oder aus dem letztern in den erstern übergienge, was man entweder durch die Sinne bemerken, oder durch Dazwischenkunft irgend eines bekannten Körpers abhalten und hindern könnte.

Zwar hat die Einbildungskraft der Menschen, welche immer bereit ist, die Lücken der Sachkenntnisse auszufüllen, eine Menge von Hypothesen auf die Bahn gebracht; aber die Unzulänglichkeit derselben zur Erklärung der verschiedenen Phänomene des Magnetismus zeigt bald, daß die meisten davon unwahrscheinlich, und viele sogar widersprechend und thöricht sind. Einige haben sich vorgestellt, daß die Zwischenräume der eisenartigen Körper mit Klappen versehen wären, welche der magnetischen Materie den Durchgang nach der einen Richtung verstatteten, nach der andern aber derselben die Rückkehr versperreten. Andere haben angenommen, es gebe in jedem Magnet einen beständigen Umlauf einer gewissen flüssigen Materie von einem Pole zum andern; mithin gebe es auch in der Erdkugel, welche ein großer Magnet sey, einen solchen beständigen Umlauf oder Strom der magnetischen Materie von den Gegenden des einen Pols zu den Gegenden des andern.

Ohne meine Leser mit einer umständlichen Erklärung und Widerlegung dieser und anderer Hypothesen
aufzuhalten, will ich hier blos die Meinung des Herrn
Aepinus vortragen, welche zwar einigen Einwendungen
ausgesetzt, dennoch aber immer unter allen die wahrscheinlichste zu seyn scheinet *)

Herr Aepinus leitet aus der Analogie mit der gewöhnlich angenommenen Hypothese über die Elektricität,
welche unter dem Namen der Franklinschen bekannt ist,
die Vermuthung her, daß es eine flüssige Materie gebe,
welche alle magnetische Erscheinungen hervorbringe, und
die man daher die **magnetische Materie** nennen müsse,
daß diese Materie fein genug sey, um durch die Zwischenräume aller Körper zu bringen, und daß sie elastisch sey,
oder daß ihre Theile einander zurückstoßen.

Er nimmt ferner eine wechselseitige Anziehung zwischen der magnetischen Materie und dem Eisen und andern
eisenartigen Körpern an; alle andere Substanzen aber
sollen nach ihm gegen diese Materie unwirksam seyn, so
daß zwischen ihnen und der letztern weder Anziehung noch
Repulsion statt findet.

Er bemerkt hierauf, daß zwischen den eisenartigen
und den idioelektrischen oder nichtleitenden Körpern viel
Aehnlichkeit statt finde; denn die magnetische Materie
gehe schwer durch die Zwischenräume des Eisens, so wie
die elektrische Materie nicht anders als mit Schwierigkeit
durch die Zwischenräume der Nichtleiter bringe. Bey allem dem aber giebt es keinen Körper, der eine Wirkung
auf die magnetische Materie äußerte, und zugleich den
Leitern ähnlich wäre; z. B. es giebt keinen Körper, dessen Theile die magnetische Materie anzögen, und dessen
Zwischenräume doch von dieser Materie ohne Schwierigkeit durchdrungen werden könnten. Zwar scheint bey dem

*) Man f. Tentamen theoriae electricitatis et magnetismi,
auctore F. V. T. Aepino, Petrop. 1759. 4. Cap. I. S. 3.

Eisen eine Art von Gradation hierin statt zu finden; denn je weicher es ist, desto freyer dringt die magnetische Materie durch seine Zwischenräume; hingegen je härter es ist, desto mehr Widerstand setzt es dem freyen Durchgange dieser Materie entgegen; so, daß das Eisen im weichen Zustande den Leitern ähnlicher zu seyn scheint, als im harten.

Nach dieser Hypothese nun enthalten das Eisen und alle eisenartige Substanzen, eine gewisse Menge magnetischer Materie, welche gleichförmig durch sie verbreitet ist, wenn sie nicht im magnetischen Zustande sind. Sie zeigen daher in diesem Zustande weder Anziehung noch Repulsion gegen einander, weil die Repulsion zwischen den Theilen der magnetischen Materie von der Anziehung zwischen der Materie der Körper und dem magnetischen Fluido gerade aufgehoben wird, in welchem Falle man von diesen Körpern sagt, daß sie sich im natürlichen Zustande befinden. Wenn aber in einem eisenartigen Körper die ihm zugehörige magnetische Materie in das eine Ende getrieben wird, so wird dasselbe mit dieser Materie überladen, das andere Ende hingegen enthält davon zu wenig. In solchen, d. i. in magnetisirten Körpern, äussert sich eine Repulsion zwischen ihren überladnen Enden, weil sich die Theile des Ueberschusses von magnetischer Materie, welcher von der Anziehung der Materie der Körper nicht ganz im Gleichgewichte erhalten werden kann, zurückstoßen. Auch zeigt sich eine Anziehung zwischen dem überladnen Ende eines magnetischen Körpers, und dem zu wenig enthaltenden Ende eines andern, wegen der Anziehung zwischen der magnetischen Materie und der Masse des Körpers. Um aber die Repulsion zwischen den beyden zu wenig enthaltenden Enden zu erklären, muß man sich entweder vorstellen, daß die Massen der eisenartigen Körper, wenn sie ihrer zugehörigen magnetischen Materie beraubt sind, in ihren Theilen einander selbst zurückstoßen, oder daß die zu wenig enthaltenden Enden sich

nur darum zurückzustoßen scheinen, weil beyde die entgegengesetzten überladnen Enden anziehen; beyde Voraus-
setzungen aber sind ihren Schwierigkeiten ausgesetzt.

Demnach wird ein eisenartiger Körper magnetisch,
wenn die gleichförmige Vertheilung der magnetischen Materie durch seine Substanz gestöret wird, so daß er an einem oder mehreren Theilen einen Ueberfluß und an einem
oder mehreren andern Theilen einen Mangel an selbiger
hat; und er bleibt so lang magnetisch, als seine Undurch-
dringlichkeit die Wiederherstellung des Gleichgewichts
zwischen den überladnen und den zu wenig enthaltenden
Theilen verhindert. Ein Stück Eisen wird magnetisch
durch die Nähe eines Magnets, weil, wenn sich der überladne Theil oder Pol des Magnets gegen dasselbe kehret,
der Ueberfluß der magnetischen Materie in diesem Pole,
die magnetische Materie von dem nächsten Ende des Eisens hinwegtreibt, daher dieses Ende zu wenig behält,
oder die entgegengesetzte Polarität erhält; die magnetische Materie aber in das andere Ende übergeht, welches
daher überladen wird, oder einerley Polarität mit dem dagegen gehaltenen Pole des Magnets bekömmt. Wird
hingegen ein Stück Eisen dadurch magnetisiret, daß man
den zu wenig enthaltenden Theil oder Pol eines Magnets
gegen dasselbe hält, so wird das nächste Ende des Eisens
überladen u. s. w. weil dieser Theil des Magnets, da er
seiner magnetischen Materie beraubt ist, die magnetische
Materie des Eisens in das gegen ihn gekehrte Ende ziehet.

Hieraus erhellet, daß man, wenn man einen Körper, z. B. ein Stück Stahl, magnetisch machen will,
dazu einen Magnet von solcher Stärke gebrauchen müsse,
welche den Widerstand, den die Substanz des Stahls
dem freyen Durchgange der magnetischen Materie entge-
gensetzt, überwinden kann; daher läßt sich weicher
Stahl leichter magnetisch machen, als harter; und daher
kann auch ein stärkerer Magnet eisenartige Körper ma-

gnetisiren, auf welche ein anderer, schwächerer Magnet keine Wirkung thut.

Auch die Wirkung zweener Magnete auf einander läßt sich durch diese Hypothese leicht erklären. Wenn zween gleich starke Magnete ihre ungleichnamigen Pole gegen einander kehren, so wird ihre Kraft dadurch erhalten und gestärkt; sind im Gegentheil die gleichnamigen Pole an einander gestellt, so werden diese Magnete bey gleicher Stärke und Beschaffenheit einer des andern magnetische Kraft vermindern; sind sie aber von ungleicher Stärke oder Beschaffenheit in Rücksicht auf Härte, Gestalt und dergl., so wird des schwächern Kräfte vermindert, aufgehoben oder verändert, im Verhältniß seiner Weichheit, Schwäche und anderer Umstände, die dem einsichtsvollen Leser leicht beyfallen werden.

Dritter Theil.

Praktische Lehre vom Magnet.

Bey diesem Theile des gegenwärtigen Werks geht meine Absicht dahin, die Versuche zu beschreiben, welche zum Beweise der im ersten Theile angeführten Gesetze des Magnetismus nöthig sind, und von den Werkzeugen Nachricht zu geben, die zum Gebrauche des Magnets erfordert werden. Ich werde bey diesen Beschreibungen der Versuche sowohl als der Werkzeuge hauptsächlich bey denjenigen Umständen stehen bleiben, welche von allgemeiner Beschaffenheit sind, und als Standpuncte dienen können, um den sinnreichen Experimentator bey der Erfindung vollkommnerer Werkzeuge und bey Anstellung der nöthigen Versuche durch die leichtesten Mittel, zu leiten; denn es ist sehr bekannt, daß die Ausbreitung und Erweiterung nützlicher Kenntnisse ungemein aufgehalten wird, wenn man sich fast zu jedem Versuche ein besonderes Werkzeug anschaffen muß, in welchem Fall jedoch Anfänger mehrentheils gerathen, wenn ihnen sehr zusammengesetzte und zahlreiche Geräthschaften beschrieben werden.

Erstes Capitel.

Beschreibung der magnetischen Werkzeuge.

Wenn man die magnetischen Eigenschaften alle zusammen nimmt, so kann man sie unter zwo Classen bringen, deren eine die Wirkungen des Magnets auf unmagnetische eisenartige Körper, die andere die Wirkungen eines Magnets auf den andern in sich begreift. Die

erste Claſſe betrift alſo blos die Mittheilung der magnetiſchen Kraft; die zwente aber begreift das Anziehen und
Zurückſtoßen, wovon die richtende Kraft eine Folge iſt,
wozu alſo der Compaß und die Inclinations-Nadel mit
gehören. Daher ſind die vornehmſten Werkzeuge in der
Lehre vom Magnet, einige Magnete oder magnetiſche
Stäbe, eine Magnetnadel um die Richtung in der Horizontalfläche zu zeigen, und eine Inclinations-Nadel, um
die Neigung anzugeben.

Wer es eben nicht nöthig hat, ſehr feine und be-
ſondere Verſuche anzuſtellen, der kann ſchon mit einem
gemeinen künſtlichen Magnete in Geſtalt eines Hufeiſens,
welcher ſehr wenig koſtet, und mit einigen Nähnadeln ver-
ſchiedenes zeigen; wer aber genauer zu Werke gehen,
oder gar Erweiterungen in der Wiſſenſchaft machen will,
der muß einen guten vollſtändigen Saß von künſtlichen
Magneten, dergleichen gewöhnlich aus ſechs Stäben be-
ſtehen, einige kleine Magnetnadeln, eine ziemlich große
Nadel in einem eignen Gehäuſe mit einem getheilten Cir-
kel und eine Inclinations-Nadel beſißen; wozu man noch
einige Stücken ſtählernen Drath, zween bis drey Stäbe
von weichem Eiſen, und einige andere Stücken rechnen
kann; welche ſehr wohlfeil anzuſchaffen, aber doch zu verſchiedenen Verſuchen ungemein brauchbar ſind.

Ich werde in gegenwärtigem Capitel blos die drey
vornehmſten Werkzeuge, nemlich die Stäbe, die Nadeln
und die Inclinationsnadel beſchreiben, und die übrigen
gelegentlich bey der Beſchreibung der Verſuche anführen.

Man hat gewöhnlich ſechs zuſammengehörige magnetiſche Stäbe, welche von dem beſten und ganz hart
gelaſſenen Stahle ſeyn müſſen, ob man gleich noch immer
kein ſicheres Kennzeichen hat, wodurch ſich der zur magnetiſchen Kraft am beſten geſchickte Stahl unterſcheiden
ließe. Es iſt daher rathſam, den Stahl erſt zu verſuchen, ehe man davon zu Verfertigung der Stäbe Gebrauch macht. In dieſer Abſicht nimmt man ein Stück

davon, welches etwa drey Zoll lang und ¼ Zoll dick ist (ob
es rund oder viereckigt ist, thut nichts zur Sache), mache
es rothglühend, und taucht es in diesem Zustande in kaltes Wasser, wodurch es so hart wird, daß die Feile es
nicht mehr angreift. Hierauf bringt man zween starke
Magnetstäbe an dessen beyde Enden, so daß der Nordpol
des einen Stabs das eine Ende, und der Südpol des andern das andere Ende des Stahls berührt, läßt sie ohngefähr eine Minute lang in dieser Stellung, und versucht
dann, ob der Stahl einen Schlüssel oder ein anderes
Stück Eisen, das man eben zur Hand hat, zu halten im
Stande ist. Wenn man auf diese Art einige Stücken
Stahl von verschiedenen Sorten nimmt und alle auf eben
diese Art behandelt, so wird man bald sehen, welches das
gröste Gewicht aufzuheben fähig ist, und welche Sorte
von Stahl also am besten zur Verfertigung der Stäbe
tauget.

Die Abmessungen dieser Stäbe müssen gewisse Verhältnisse haben; sonst werden sie nicht im Stande seyn,
eine sonderliche Kraft anzunehmen. Die vortheilhafteste
Gestalt ist wohl, wenn die Länge etwa zehnmal so groß
als die Breite und zwanzigmal so groß als die Dicke ist.
Die gewöhnliche Länge solcher Stäbe ist fünf Zoll, also die
Breite ein halber und die Dicke ein Viertelzoll. Cylindrische Stäbe lassen sich nicht bequem behandeln.

Einige Naturforscher haben besondere Methoden,
solche Stäbe zu härten, angegeben, z. B. daß man sie
rothglühend in verschiedene Liquoren tauchen solle. Man
hat für gewiß behaupten wollen, daß es sehr vortheilhaft
sey, sie rothglühend in eine Mischung von geschabtem Horn
und gemeinem Salz zu stecken; es scheint aber das bloße
kalte Wasser eben so gut als irgend eine andere Substanz
zu seyn.

An sich ist es gleichgültig, ob diese Stäbe polirt
werden oder nicht; es ist aber besser sie zu poliren, weil
sie alsdann nicht so leicht rosten. Das eine Ende des

Stabs wird gemeiniglich mit einem rings herum gehenden Striche bezeichnet, um einen Pol von dem andern zu
unterscheiden; das bezeichnete Ende ist gewöhnlich der
Nordpol.

Zu jedem Satze von Stäben gehören allezeit zwey
Stücken von weichem Eisen, oder sogenannte Unterlagen, deren jede halb so lang, als ein Stab ist; so daß
beyde nach einerley Richtung an einander gelegt, gerade
die Länge eines Stabs ausmachen. Diese Stücken werden gebraucht, wenn man andere eisenartige Körper magnetisch machen, oder die Kraft des ganzen Satzes verstärken will.

Wenn man die magnetischen Stäbe an einander
hält, so muß man sie wechselsweise so legen, daß das bezeichnete Ende des einen an das unbezeichnete des andern
kömmt, wie man Taf. I. Fig. 4. sieht. Die Methode,
solche Stäbe magnetisch zu machen, wird man im folgenden Capitel finden.

Die Einrichtung des Compasses oder der Magnetnadel ist sehr oft abgeändert worden, und fast jede Art hat
ihre besondern Vortheile. Die einfachste Magnetnadel
besteht aus einer gemeinen magnetisch gemachten Näh-
Nadel, welche entweder an einen um ihre Mitte gebundenen Faden schwebend aufgehangen, oder durch sanftes
und behutsames Auflegen auf die Oberfläche des Wassers
in einem Gefäße schwimmend erhalten wird. Wenn
nemlich die Nadel klein genug ist, so schwimmt sie auf
dem Wasser, ob sie gleich mehr specifische Schwere, als
letzteres, hat; denn es äußert sich zwischen dem Wasser
und dem reinen Stahle eine Art von Repulsion; vielleicht
trägt auch die Luft etwas dazu bey. Sobald aber nur ein
Theil der Nadel ein wenig unter die Oberfläche des Wassers kömmt, so sinkt sie sogleich zu Boden. Das Unbequeme der oben angeführten ersten Art des Aufhängens
der Nadel besteht in der Steife der Fäden, selbst der feinsten, welche die freye Bewegung der Nadel hindern.

Bey der zwoten Art sind die vornehmsten Fehler diese, daß die Nadel gewöhnlich gegen die Seitenwände des Gefäßes zu geht, und daß sie bey der geringsten Bewegung untersinkt; doch kann man das letztere durch ein daran befestigtes Stückchen Kork verhüten.

Die gewöhnlichste und bey weitem die beste Art, den Magnetnadeln ein freyes Spiel zu geben, ist diese, daß man sie mit ihrer Mitte horizontal auf scharf zugespitzten Stiften ruhen läßt, welche in einem Gehäuse oder auf einer Unterlage senkrecht aufgerichtet werden. In dieser Absicht giebt man den Nadeln in der Mitte ein Hütchen, oder eine konische Hölung, deren Scheitel oder Spitze über der Mitte der Nadel liegt; daß also, wenn die Nadel auf den Stift gelegt wird, dessen Spitze in den Scheitel der kegelförmigen Hölung trifft, der Schwerpunkt der Nadel gerade unter diese Spitze, w. i. unter den Aufhängungspunkt fällt, weil sonst die Nadel sehr leicht herab fallen würde.

Hiezu nun werden die Nadeln insgemein gerade durch ihre Mitte durchbohrt, so daß die Oefnung ziemlich weit wird; in diese Oefnung wird ein Stück geschlagenes Messing eingepasset, und dann die kegelförmige Hölung in das Messing gebohrt, so daß der Scheitel derselben nur sehr wenig über der obern Fläche der Nadel zu stehen kömmt, wie bey A, Taf. 4 Fig. 5. Bey dieser Einrichtung bohret die Spitze des Stifts B, welche mehrentheils von hartem Stahle, so wie der Stift selbst von Messing gemacht wird, gegen das messingene Hütchen, und macht in selbigem oft, wenn gleich das Messing geschlagen ist, durch das beständige Reiben einen kleinen Eindruck oder eine unregelmäßige Hölung, wodurch die freye Bewegung der Nadel beträchtlich verhindert wird. Um dies zu vermeiden, setzt man bey den besten Nadeln ein Stück Agat auf den obern Theil des Messings, und bohret den Scheitel der kegelförmigen Hölung in diesen harten Stein, wodurch die Bewegung der Nadel sehr frey und leicht wird. Man nennt dies Nadeln mit dem Agathute, und die besten Seecompasse haben diese Art von Hut *). Taf. I. Fig. 6. zeigt das Profil dieses in das Messing eingesetzten Agathuts.

Da eine sehr geringe Unregelmäßigkeit in der Figur eines stählernen Stabs, demselben oft mehr als zween Pole, oder eine unbequeme Lage der beyden Pole giebt, welches man allezeit vermeiden muß; so haben einige das Durchbohren der Nadel für nachtheilig gehalten, und andere Arten der Aufhängung vorgeschlagen, wobey das Durchbohren vermieden werden könnte. Der beste unter diesen Vorschlägen wird Taf. I. Fig. 7. vorgestellt, wo die Magnetnadel AB an ein gehörig umgebogenes Stück Messing CED befestiget wird, in dessen Mitte bey G eine kleine kegelförmige Hölung ist, an der man ein Agathütchen anbringen kann. Um nun diese Nadel aufzuhängen, wird ein Stab FH, Fig. 8. in das Gehäuse KL, befestiget; dieser hat auf seiner Mitte einen zugespitzten Stift J, auf welchem die Hölung des an die Nadel befestigten messingenen Stücks ruhet; die Nadel AB, bewegt sich unter dem Querstabe FH, und dieser geht zwischen der Nadel und dem daran befestigten Messing durch die Oefnung G, Fig. 7. hindurch. Man übersieht leicht daß die Nadel bey dieser Einrichtung sich nicht ganz herum drehen kann, daher auch diese Art der Aufhängung zum Gebrauch auf Schiffen nicht anwendbar ist.

Die bey den Chinesern gewöhnliche Art, die Magnetnadeln aufzuhängen, ist sehr sinnreich. Fig. 9. und

*) Die Seecompasse wurden sonst (vielleicht an manchen Orten auch noch jetzt) auf folgende unschickliche Art gemacht — Der messingene Hut ward an die Mitte einer cirkelrunden pappenen Scheibe befestiget, auf welcher die Weltgegenden gezeichnet waren. An die untere Seite dieser Scheibe brachte man zwey Stücke magnetischen Stahl so an, daß sie einander parallel lagen, und etwa um einen halben Zoll von einander abstanden; die Spitze, auf welcher das Ganze ruhte, gieng zwischen denselben hindurch.

10. Taf. I. stellen die chinesische Nadel ziemlich in ihrer wirklichen Größe aus zween Gesichtspuncten dar, bey Fig. 9. steht das Auge in der verlängerten Richtung der Nadel; bey Fig. 10. betrachtet es dieselbe von der Seite *). J ist ein sehr dünnes und leichtes messingnes Hütchen, welches gegen den Rand zu ein paar einander gegenüber stehende Löcher hat. BB ist ein sehr dünner Streif Messing, am obern Theile bey A wie ein Ring gestaltet, durch welchen die Nadel CD hindurch geht. Die äussern Enden dieses messingnen Streifes gehen durch die Löcher am Rande des Hütchens J, und sind daran befestiget, indem man sie über den Rand umgebogen hat. Die Magnetnadel CD besteht in einem cylindrischen stählernen Drathe, ohngefähr einen Zoll lang und nicht über $\frac{1}{10}$ Zoll im Durchmesser; um ihren Nordpol zu unterscheiden, ist die eine Hälfte roth, die andere schwarz. Dies alles nun ruht auf der Spitze E, welche auf dem Boden des Gehäuses befestiget ist, und kann sich darauf sehr gemächlich bewegen. Obgleich bey dieser Einrichtung die Nadel über dem Aufhängungspuncte liegt, so fällt doch der Schwerpunct aller drey mit einander verbundenen Stücken unter den Aufhängungspunct, weil sonst alles herabfallen würde. Um zu verhüten, daß die Nadel nicht abfälle, wenn der Compaß beym Forttragen umgekehrt wird, ist an das Gehäuse eine sehr dünne messingne Platte befestiget, von welcher man bey FG einen Durchschnitt sieht; diese hat in der Mitte ein Loch, welches aber enger ist, als der Durchmesser des Randes von dem messingnen Hute, so daß der Hut dadurch verhindert wird, sich allzuweit von der Spitze des Stiftes E zu entfernen, und also seitwärts herabzufallen.

*) Diese Zeichnungen sind nach einigen chinesischen Seecompassen gemacht, welche D. James Lind, Arzt zu Windsor, mit aus China gebracht hat. Die Nadeln daran sind fast alle von einerley Größe, nemlich einen Zoll lang.

Es ergiebt sich aber aus wiederholten Versuchen, daß das Durchbohren der Magnetnadeln keinen Schaden thut, oder wenigstens nicht im Stande ist, eine Vervielfältigung der Pole zu verursachen, und die gehörige Richtung der Nadel zu stören. Weit mehr Aufmerksamkeit erfordert die äußere Gestalt der Nadel, welche mehr Nachtheil verursachen kann. Daß man sie um die Mitte etwas breiter macht, um ihr gerade da mehr Stärke zu geben, wo sie beym Durchbohren geschwächt wird, thut keinen Schaden, wofern man es so einrichtet, wie Taf. I. Fig. I I. vorstellet, und keine Spitzen, Ecken oder unregelmäßige Zierrathen anbringet. Die Magnetnadeln zu den besten Seecompassen sind ziemlich breit, und an ihren Enden wird ein dünner messingner Ring befestiget, über welchen das Papier, worauf man die Weltgegenden zeichnet, gespannt werden kann. Die gröste Einwendung gegen breite Nadeln ist diese, daß ihre beyden Pole sehr oft nicht genau in der Are liegen. Es würde daher eher rathsam seyn, sie etwas dick, als gar zu breit zu machen; denn, wenn gleich in diesem Falle ihre Pole nicht in der Are, sondern der eine bey D, Taf. I. Fig. 12, der andere bey A liegen, so kann doch dies auf die Richtung der Nadel keinen Einfluß haben, weil sie sich doch wenigstens in einerley Verticalfläche mit der Are befinden. Die beste Gestalt scheint daher die zu seyn, welche die Figuren I I. und 12. zeigen, welche zwo Ansichten einer und eben derselben Magnetnadel vorstellen.

Die Länge der gewöhnlichen Nadeln zu Seecompassen ist zwischen vier und fünf Zoll; diejenigen aber, welche zu Beobachtung der täglichen Variation gebraucht und Variationsnadeln genannt werden, macht man etwas länger. Einigen davon hat man bisweilen mehr als 2 Fuß Länge gegeben, um ihre Abweichung vom Meridian merklicher zu machen. Inzwischen ist es bey der gegenwärtigen verbesserten Art der Verfertigung physikalischer Werkzeuge, wenn die Arbeit mit gehöriger Sorgfalt ausgeführt wird, genug, die Nadel etwa 8 Zoll lang zu machen, in welchem Falle sie die Variation bis auf eine halbe Minute, und noch viel weiter, anzeigen wird.

So viel von den verschiednen Arten, die Nadeln aufzuhängen. Ich will nunmehr die Umstände anführen, auf welche man bey der Verfertigung der Magnetnadeln zu sehen hat, und dann die vornehmsten Arten der Seecompasse beschreiben.

Man muß zu den Magnetnadeln diejenige Sorte von Stahl nehmen, welche den Magnetismus am besten annimmt; sie müssen auch ganz hart seyn, damit sie die magnetische Kraft desto länger behalten. *)

Ihre Gestalt muß so einfach als möglich, und frey von allen hervorragenden und andern unregelmäßigen Verzierungen seyn. Kurz, man muß sie so einrichten, daß sie nicht mehr als zween magnetische Pole haben, und daß diese in einerley Ebne mit dem Aufhängungspunkte fallen **).

Bey den gewöhnlichen Magnetnadeln liegen die Enden, welche die Grade der Theilung angeben, unter dem Aufhängepunkte; wenn also die Nadel nicht horizontal, sondern, wie ein Pendul vibrirt, so kommen sie nicht beständig auf eben dieselben Theilungsstriche. Um dieses zu vermeiden, werden bey den bessern Nadeln, besonders in Variationscompassen, zwo Stücken von anderm Me-

---

*) Gewöhnlich bringt man die Nadeln auf die blaue Federhärte. Allein dies ist gar nicht zu billigen. Sie nehmen zwar in diesem Zustande den Magnetismus leichter an; aber, verlieren ihn auch aus eben dieser Ursache weit leichter.

**) Das Härten des Stahls durch das gewöhnliche Verfahren, da er glühend in kaltem Wasser abgelöscht wird, verändert sehr oft seine Gestalt, und macht ihn krumm, besonders, wenn er eine längliche Form hat. Man muß daher die Magnetnadeln beym Feilen etwas breiter lassen, als nöthig ist, und ihnen erst nach dem Härten durch Abschleifen die gehörige Gestalt und Größe geben.

stahl an die Enden der Nadel gesetzt, und zuerst ein wenig aufwärts, dann aber wieder horizontal gebogen, so daß sie in eine gerade Linie mit dem Aufhängepunkte zu liegen kömmen.

Auch muß man sie so leicht als möglich machen, um das Reiben am Aufhängepunkte zu vermindern, welches auch sogar in dem Falle, wenn sie mit Agathüten versehen sind, einigen Widerstand gegen ihre freye Bewegung verursachet.

Die Agathüte selbst müssen die gehörige Gestalt haben, d. i. ihre Hölungen müssen vollkommen kegelförmig seyn. Ich habe viele solche Hüte untersucht, und kann versichern, daß dies sehr selten der Fall ist. Es ist auch wegen der Härte dieses Steins wirklich sehr schwer, sie gehörig zu formen.

Wenn gleich die Nadeln, ehe ihnen die magnetische Kraft mitgetheilt wird, vollkommen im Gleichgewichte stehen, so sinken sie doch hernach mit einem Ende nieder, wegen der einem jeden Magnete zukommenden Neigungskraft. Um ihnen nun die horizontale Stellung wiederzugeben, wird entweder ein kleines Gewicht an das steigende Ende angelöthet, oder es wird das sinkende Ende durch Abschleifen ein wenig leichter gemacht. Dies letztere aber ist ein sehr unbequemes Mittel, weil bey der geringsten Veränderung der Neigung, besonders, wenn man die Nadel von einem Orte zum andern bringet, ihre horizontale Stellung sogleich verlohren geht, wobey es denn nöthig wird, das eine Ende von neuem abzuschleifen.

Aus eben diesem Grunde ist es auch unbequem, ein befestigtes Gewicht an das eine Ende der Nadel anzubringen, wie bisweilen zu geschehen pflegt, da man ein Loch durch den Stahl bohret, und etwas Messingdrath so hindurchsteckt, daß er auf beyden Seiten der Nadel ein wenig hervorraget. Die beste Methode aber, ein solches

Gewicht anzubringen, ist diese, daß man an dem nieder-
sinkenden Ende der Nadel ein kleines Stück Messing, das
sich verschieben läst, auffetzet, durch dessen Annäherung
oder Entfernung vom Mittelpunkte der Nadel, die
Wucht dieses Endes leicht nach Erfordern verändert werden kann.

Die vornehmsten Arten der magnetischen Compaße
lassen sich auf vier bringen; nemlich, die bloß in einem
Gehäuse schwebend hängende Magnetnadel; der eigentliche Seecompaß; der Azimuthalcompaß, oder derjenige,
welcher auf der See vornehmlich dazu gebraucht wird, um
die Abweichung der Nadel an einem gewissen Orte zu
finden *); und der Variationscompaß, der auf dem festen
Lande in gehöriger Stellung befestiget, zur Anzeige der
täglichen Veränderung dient.

Was die erste Art betrifft, so ist davon keine weitere
Beschreibung nöthig, da wir im vorigen schon genug davon gesagt haben.

Die zweyte Art, oder der eigentliche Seecompaß
besteht aus drey Theilen, dem Gehäuse, der Windrose und
der Nadel. Man sehe Taf. I. Fig. 13. Das Gehäuse,
worin sich die Windrose und Nadel befinden, wird cirkel-
rund und von Holz oder Messing gemacht. Es wird in
einem viereckigten hölzernen Kasten, mittelst zweener concen-
trischen Ringe (jimbols) aufgehangen, welche an die beyden Gehäuse mit Stiften so befestiget sind, daß das innere
Gehäuse, oder der Compaß bey allen Bewegungen des
Schiffs in einer horizontalen Stellung bleibt, indem der

*) Er heißt der Azimuthalcompaß, weil er gebraucht
wird, um die Abweichung aus Beobachtungen des Azimuths
eines Gestirnes zu finden. Das Azimuth ist der Bogen des
Horizonts, welcher zwischen dem Mitternachts- oder Mittagspunkte und demjenigen Punkte enthalten ist, in welchem der
Scheitelkreis eines Gestirns den Horizont durchschneidet.

äuſſere oder viereckigte Kaſten an dem Schiffe feſt iſt *). Das Gehäuſe des Compaſſes iſt mit einer Glastafel bedeckt, damit der Wind die Bewegung der Roſe nicht ſtören könne. Ueber die Einrichtung der Nadel haben wir ſchon im vorigen genug geſagt; es bleibt alſo nur noch übrig, die Windroſe zu beſchreiben. Dieſe beſteht aus einer runden Scheibe von Pappe, deren äuſſerer Rand in 360 Grade getheilt iſt; innerhalb dieſes Kreiſes aber befindet ſich noch ein zweyter, welcher in 32 gleiche Theile oder Bogen getheilt wird, um die **Weltgegenden** oder **Rhumben** anzugeben, welche wiederum in Viertel getheilt ſind.

Die Namen dieſer Rhumben, vom Mitternachtspuncte angefangen, und rings um den Horizont fortgezählt, ſind folgende, wobey der Buchſtabe N. Nord, O. Oſt, S. Süd, und W. Weſt bedeutet.

N.	S.
N. gen O.	S. gen W.
N. N. O.	S. S. W.
N. O. gen N.	S. W. gen S.
N. O.	S. W.
N. O. gen O.	S. W. gen W.
O. N. O.	W. S. W.
O. gen N.	W. gen S.
O.	W.
O. gen S.	W. gen N.
O. S. O.	W. N. W.
S. O. gen O.	N. W. gen W.
S. O.	N. W.
S. O. gen S.	N. W. gen N.
S. S. O.	N. N. W.
S. gen O.	N. gen W.

*) Bisweilen hat man auch nur einen Ring, deſſen Axen auf dem viereckigten Kaſten ruhen, indem die Axen des Compaßgehäuſes 90 Grad weit von jenen abſtehen.

G

Dritter Theil.
Tabelle
der Winkel, welche jeder Rhumb und jedes Viertel mit dem Meridian macht.

Nord	Nord	Süd	Süd	Rhumb		Gr.	Min.
				0	1/4	2	49
				0	1/2	5	37½
				0	3/4	8	26
N. gen O.	N. g. W.	S. gen O	S. g. W.	1	0	11	15
				1	1/4	14	04
				1	1/2	16	52½
				1	3/4	19	41
N. N. O.	N. N. W.	S. S. O.	S. S. W.	2	0	22	30
				2	1/4	25	19
				2	1/2	28	07½
				2	3/4	30	56
N. O. g. N	N. W. g. N.	S. O. g. S.	S. W. g. S.	3	0	33	45
				3	1/4	36	34
				3	1/2	39	22½
				3	3/4	42	11
N. O.	N. W.	S. O.	S. W.	4	0	45	00
				4	1/4	47	49
				4	1/2	50	37½
				4	3/4	53	26
N. O. g. O.	N. W. g. W.	S. O. g. O.	S. W. g. W.	5	0	56	15
				5	1/4	59	04
				5	1/2	61	52½
				5	3/4	64	41
O. N. O.	W. N. W.	O. S. O.	W. S. W.	6	0	67	30
				6	1/4	70	19
				6	1/2	73	07½
				6	3/4	75	56
O. gen N.	W. gen N.	O. g. S.	W. g. S.	7	0	78	45
				7	1/4	81	34
				7	1/2	84	22½
				7	3/4	87	11
Ost	West	Ost	West	8	0	90	00

Des Hülfsmittels der doppelten Ringe ungeachtet ist doch das Schwanken des Compasses bey unruhiger See noch ein beträchtliches Hinderniß beym Gebrauch desselben zur Schiffarth. Man hat dasselbe durch verschiedene Mittel zu heben gesucht, deren einige ganz schlecht sind, andere aber auch nur wenig Wirkung thun. Schlechte Seeleute haben es nicht gern, wenn die Nadel zu stark magnetisch ist; weil sie dann, wie sie sagen, nicht leicht still stehet. In der That aber verhält sich die Sache so. Wenn die Nadel nicht stark magnetisch ist, so folgt sie dem Schwanken des Schiffs leichter, und kommt daher freylich eher zum Stillstehen; man muß aber dabey auch in Betrachtung ziehen, daß eben die Ursache, welche macht, daß sie der Bewegung des Schiffs leichter nachgiebt, in eben dem Verhältnisse auch ihre gehörige Stellung in dem magnetischen Meridian hindert; daher dieses Hülfsmittel sehr unschicklich ist. Eben so unschicklich hat man die Schwierigkeit dadurch heben wollen, daß man die Reibung zwischen dem Hütchen der Nadel und der Spitze, worauf sie ruhet, zu vermehren gesucht hat.

Bisweilen hat man auch kleine Flügel von Papier an die untere Seite der Windrose angebracht, welche durch ihren Widerstand gegen die Luft im Gehäuse, die allzuhäufigen Vibrationen der Nadel hindern sollen. Man hat in eben der Absicht vorgeschlagen, die Nadel ihre Bewegungen in Oel oder einem andern Liqvor machen zu lassen, wobey sie immer, wie gewöhnlich, auf einer Spitze ruhen muß; um sich concentrisch im Gehäuse zu drehen, da das Oel nur dazu dienen soll, ihre Vibrationen zu hindern.

Endlich hat man auch das Gehäuse, worinn sich die Nadel befindet, anstatt es in doppelten Ringen aufzuhängen, auf eine Spitze zu stellen versucht. Man hat in dieser Absicht den Boden des Gehäuses kegelförmig, wie die Böden der gewöhnlichen Weinflaschen, gebildet, den Scheitel dieses Kegels auf einen zugespitzten Stift gestellt,

und die konvexe Seite des Scheitels, oder diejenige, welche
inwendig in das Gehäuse kömmt, die Nadel tragen laſſen:
man hat mich aber auf Befragen verſichert, daß keine
unter allen dieſen Einrichtungen auf der See beſſere Dien-
ſte thue, als der in doppelten Ringen aufgehangene und
mit den obengemeldeten Vorſichtsregeln verfertigte Compaß. Die Zapfen der Ringe müſſen in einerley Ebne mit
der Nadel oder Windroſe liegen, um das Unregelmäßige
der Schwingungen, ſoviel möglich, zu vermeiden.

     Der **Azimuthalcompaß** iſt kein anderer, als der
vorerwähnte; nur werden noch daran zwo Dioptern angebracht, durch welche man die Sonne ſehen, ihr Azimuth
finden, und daraus auf die in der Folge zu beſchreibende Art
die Abweichung der Magnetnadel beſtimmen kann. Dieſe
Art des Compaſſes zeigt Fig. 14. Die Umſtände, in
welchen er ſich von dem gewöhnlichen Compaß unterſchei-
det, ſind folgende: die Dioptern F, G, in deren einer G
ein langer Einſchnitt mit einem lothrechten Faden oder
Drathe befindlich iſt, dagegen ſich in der andern Diopter
F nur ein enger ebenfalls lothrechter Schliß befindet; der
Faden oder Drath HJ, der von einem Rande des Gehäuſes bis zum andern geſpannt iſt; und endlich dieſes, daß
der Ring AB mit ſeinem Zapfen auf dem Halbkreiſe CD
ruhet, deſſen Fuß E ſich in einem Futter drehen läſt, ſo daß
man den Compaß bey unveränderter Stellung des Kaſtens
KLM in die Runde drehen kann, um die Dioptern F, G,
gegen die Sonne zu kehren. An der innern Seite des
Gehäuſes ſind zwo Linien gezogen, welche gerade von den
Punkten, wo der Faden HJ den Rand des Gehäuſes berührt, ſenkrecht herabgehen. Dieſe Linien zeigen, wie viel
Grade der Nord- oder Südpol der Nadel von dem Azimuth der Sonne abſteht; und in dieſer Abſicht müſſen die
Mitte des Einſchnitts der Dioptern F und G, der Faden
HJ, und die gedachten Linien genau in einerley Verticdl-
fläche liegen. Der Faden, welcher bey Inſtrumenten
dieſer Art oft auch wegbleibt, dient gleichfalls die Grade

zwischen dem magnetischen Meridian und dem Azimuth
zu zeigen, wenn das Auge des Beobachters senkrecht darüber steht. An der Seite des Gehäuses ist bey dieser Art
des Compasses gewöhnlich ein Stift, der, wenn man an
ihm drückt, die Windrose trift und ihre Bewegung auf-
hält, damit man den Grad, welcher mit den senkrechten
Knien an der innern Seite des Gehäuses zusammentrift,
desto bequemer und sicherer bemerken könne.

Der **Variationscompaß**, welcher die tägliche
Veränderung der Magnetnadel auf dem festen Lande angeben soll, wird insgemein länger gemacht, als die zur
See gebräuchlichen, und da es nicht nöthig ist, ihn in
die Runde zu drehen, so wird das Gehäuse nicht kreis-
rund, sondern länglich gemacht, so daß sich die Nadel,
wenn es fest steht, etwa 40 bis 50 Grad weit bewegen kann.
Die getheilten Bogen sind entweder im Gehäuse, oder
auf einem horizontalen Gestell außer demselben; und dann
wird der Compaß an einen Zeiger befestigt, welcher sich
um den Mittelpunct des getheilten Bogens beweget, und
an dessen Seite sich ein Nonius oder Vernier befindet, um
noch Theile von Graden anzuzeigen. Bey dieser letzten
Einrichtung muß der Zeiger so angebracht werden, daß
seine Hauptlinie mit der Linie durch die Pole und den Aufhängungspunct der Nadel coincidiret; alsdann wird das
Ende des Zeigers auf dem getheilten Bogen die Variation in Graden und Minuten angeben. Sind aber die
getheilten Bogen innerhalb des Gehäuses, so bemerkt
man die Variation sogleich aus der Beobachtung des Thei-
lungsstrichs, auf welchen die Axe der Nadel einspielet.

Bey beyden Einrichtungen muß, wie leicht in die
Augen fällt, der Anfang der Theilung genau in dem Meridiane des Orts stehen, oder man muß seine Abweichung
von diesem Meridiane genau kennen, damit man bey Ab-
zählung der Grade der Variation gehörige Rücksicht darauf nehmen könne.

Diese Compasse werden in die Mittagsfläche gestellt, indem man ein gewöhnlich daran befestigtes Fernrohr auf ein in einiger Entfernung befindliches Zeichen der Mittagsgegend richtet; oder indem man sie auf eine am Orte ihrer Aufstellung gezogne Mittagslinie setzt. Was aber die Methoden, die Mittagslinie eines Orts zu finden, betrift, so muß ich den Leser deshalb auf astronomische Schriften verweisen, da dieser Gegenstand gar nicht zu dem Inhalte des gegenwärtigen Werks gehöret.

Nach dem, was im vorigen angeführt worden, ist es kaum noch nöthig zu bemerken, daß bei Verfertigung und Aufstellung der Compasse alles Eisen weit genug entfernt werden muß. Man macht daher die Theile dieser Werkzeuge mehrentheils von Holz, oder wo dieses wegen der Theilung, der erforderlichen Stärke u. dgl. nicht wohl angebracht werden kann, von solchem Messing, welches nach angestellten Proben nicht auf die Magnetnadel wirkt.

Die Inclinations-Nadel ist von ihrer gehörigen Vollkommenheit noch sehr weit entfernt, ob sie gleich noch neuerlich ansehnliche Verbesserungen erhalten hat. Die gewöhnliche Art ihrer Einrichtung ist diese, daß man eine Are durch die Nadel gehen läst, deren Enden, wie ein Wagbalken, auf zween Unterlagen ruhen, so daß sich die Nadel in der Verticalfläche um die Are bewegen kann. Sie wird sich also, wenn sie in den magnetischen Meridian gesetzt wird, von selbst in die magnetische Linie stellen, und die Grade der Inclination an einem getheilten Kreise zeigen, in dessen Mittelpuncte die Nadel aufgehangen ist. — Fig 15. ist eine Abbildung dieses Instruments, wo AB die Nadel ist, deren Are EF in der Mitte zweener Queerstäbe CD, CD ruhet, welche an den getheilten Kreis IK befestiget sind. Gewöhnlich wird dieses Instrument auf einen Fuß G gesetzt; braucht man es aber zur See, so wird es an dem Ringe H in ein besonderes Gestell so aufgehangen, daß es lothrecht steht. Wenn es mit einem Stative versehen ist, so wird gemeiniglich eine Wasserwage mit Weingeist dabey angebracht, und das Stativ bekömmt drey Schrauben, wodurch man dem Instrumente die gehörige Stellung geben kann, diese nemlich, daß der Mittelpunct der Bewegung der Nadel und der am untern Theile des getheilten Cirkels befindliche 90ste Grad genau in eine Vertikallinie kommen.

Die grösten Unvollkommenheiten dieses Instruments sind das Schwanken der Nadel, und die Schwierigkeit, zu wissen, ob die Nadel, nachdem sie magnetisch gemacht worden ist, noch im Gleichgewichte stehe, oder nicht; denn, wenn sie gleich vorher vollkommen im Gleichgewichte gewesen ist (welches sich daraus zeigt, daß sie in jeder Stellung, welche man ihr giebt, ruhig bleibt), so kann sie doch hernach durch Anhängen von Feuchtigkeit oder anderer fremden Materie dieses Gleichgewicht verlieren, welches man, wenn sie magnetisirt worden ist, nicht mehr mit Gewißheit wissen kann.

Die beste Methode, den Fehler zu vermeiden, der aus dem Mangel des Gleichgewichts entsteht, ist diese, daß man zuerst die Neigung der Nadel beobachtet, dann aber durch Magnete ihre Polarität umkehret, so daß dasjenige Ende, welches vorher über den Horizont erhoben war, sich nunmehr unterwärts wendet, worauf man denn die Neigung aufs neue untersucht. Das Mittel zwischen beyden beobachteten Neigungen wird der Wahrheit ziemlich nahe kommen, wenn auch gleich die Nadel nicht völlig im Gleichgewichte gestanden hat. Aber hievon mehr im folgenden Capitel.

Ich will nun noch die Beschreibung einer Universal-Magnetnadel hinzufügen, d. i. einer solchen, welche die horizontale und vertikale Richtung des Magnets zugleich zeiget, oder, eigentlich zu reden, sich selbst in die magnetische Linie stellt, da man hingegen die vorherbeschriebene Inclinationsnadel in den magnetischen Meridian stellen muß. Diese Universalnadel ist eine Erfindung des D.

Lorimer, und man findet die hier mitgetheilte Beschreibung derselben im ersten Theile des fünf und sechszigsten Bandes der philosophischen Transactionen.

„Beschreibung einer neuen Inclinationsnadel, von
  „Dr. J. Lorimer, in einem Briefe an Sir
  „John Pringle.

„Wenn man eine **Terrelle**, oder einen kugelrunden Magnet antrift, so ist das erste, daß man ihre Pole sucht; und wenn man diese einmal entdeckt hat, so weiß man sogleich, wie sich eine kleine Nadel stellen werde, wenn sie auf diesen oder jenen Theil der Terrelle gesetzt wird. Die Pole entdeckt man am leichtesten, wenn man untersucht, an welchen Stellen die Eisenfeile oder eine kleine Nadel auf der Terrelle aufrecht steht; und dies geschieht gemeiniglich an zween Puncten, welche einander dem Durchmesser nach entgegen stehen. Die magnetischen Pole der Erde aber scheinen einander schief gegenüber zu stehen (man s. die Schriften der berliner Akademie vom Jahre 1757), ob es gleich noch nicht bekannt ist, wo sie eigentlich liegen, ob sie auf das feste Land oder in das Meer fallen, und ob wir in beyden Fällen ihnen nahe kommen können. Dem sey aber, wie ihm wolle, so dünkt es mir doch offenbar der sicherste Weg, die magnetische Theorie unserer Erdkugel vollkommen zu machen, daß man so nahe als möglich an diesen magnetischen Polen genaue Beobachtungen mit einer guten Inclinationsnadel anstelle, nach eben der Methode, die wir bey der Terrelle befolgen. Da mir aber alle Inclinationsnadeln, die ich gesehen habe, wenigstens für den Gebrauch zur See sehr übel eingerichtet zu seyn scheinen, so habe ich schon 1764 eine neue Einrichtung, nach einem ganz andern Plane erfunden, welche auch von Herrn Sisson, noch ehe ich England verließ, wirklich ausgeführt worden

ist. Ich habe ihr den Namen einer **Univerſalma:**
gnetnadel oder eines **Beobachtungs-Compaſſes**
gegeben; weil man dadurch die Neigung, die Morgen-
oder Abendweite und das Azimuth nehmen kann, ohne
mehr als einen einzigen Gehülfen, der die Höhe nimmt,
nöthig zu haben. Die Nadel iſt faſt von eben der Geſtalt und Größe, wie die, welche jetzt bey der königlichen
Marine zu Compaſſen gebraucht werden. Sie dreht ſich
vertical um ihre Are, welche zwo koniſche Spitzen hat,
die ganz leicht auf zwoen einander gegenüberſtehenden
Pfannen liegen. Dieſe Pfannen ſind in die Seiten eines
ſchmalen anrechtſtehenden meſſingnen Rahmens eingeſetzt,
der die Geſtalt eines Parallelogramms hat, und etwa $1\frac{1}{4}$
Zoll breit und 6 Zoll hoch iſt. In dieſes Parallelogramm
iſt unter rechten Winkeln ein dünner verſilberter und in
halbe Grade getheilter meſſingner Kreis, etwa von 6 Zoll
Durchmeſſer, befeſtiget, auf welchem die Nadel die Neigung zeigt, und den man, wenn man will, mit einem
Vernier verſehen kann; dieſen will ich mehrerer Deut-
lichkeit halber, den magnetiſchen Neigungskreis nennen.
Dieſes meſſingne Parallelogramm, mithin auch der Neigungskreis, dreht ſich horizontal um zween andere Zapfen,
deren einer ſich oben, der andere unten, befindet, mit
dazu gehörigen Zapfenlöchern im Parallelogramm. Dieſe
Zapfen ſind in einen verticalen meſſingnen Kreis befeſtiget, der etwa $\frac{2}{10}$ Zoll breit und dick, und von ſolchem
Durchmeſſer iſt, daß der Neigungskreis und das Parallelogramm ſich frey darin umdrehen können. Dieſen
zweyten Kreis will ich den **allgemeinen Meridian**
nennen. Er iſt nicht in Grade getheilt, hat aber ein kleines meſſingnes Gewicht am untern Theile, das ihn aufrecht erhält, und der Kreis ſelbſt iſt unter rechten Winkeln in einen andern Kreis von gleich großem innern
Durchmeſſer eingeſchraubt, welcher letztere eben ſo dick
und doppelt ſo breit, auch verſilbert und auf der obern
Fläche in halbe Grade getheilt iſt. Dieſer ſtellt den Ho-

rizont vor, schwebt frey in doppelten Ringen, und hält
sich allezeit ziemlich mit dem Horizonte parallel. Das
Ganze befindet sich in einem saubern Gehäuse von Ma-
hagonnholz von achteckigter Gestalt, oben und an den Seiten bis auf zwey Drittel der Höhe herabwärts mit Glastafeln versehen. Den Theil des Gehäuses, in welchem
sich die Glastafeln befinden, muß man gelegentlich hinwegnehmen können. Das ganze Gehäuse läßt sich um einen starken messingnen Fuß drehen, der in eine doppelte
zu Verhütung des Werfens und Spaltens kreuzweis zu-
sammengefügte Mahagonnplatte befestigt ist; und diese
Platte steht wiederum auf drey messingnen Füßen, wie sie
zu Messerbestecken gebraucht werden, welche nicht glatt
sind, damit sie nicht so leicht ausgleiten, wenn das Schiff
in eine starke Bewegung gesetzt wird.

Der Gebrauch dieses Instruments ist sehr deutlich,
da die Neigung der Nadel zu jeder Zeit durch eine einzige
Beobachtung erkannt werden kann, welche zugleich auch
die Abweichung zeiget, wenn man das Gestell so weit um-
dreht, bis der große verticale Kreis genau in der wahren
Mittagsfläche liegt: denn da der Neigungskreis allezeit
in der Verticalfläche der Nadel liegt, so wird der Rand
desselben offenbar auf dem Horizonte die östliche oder westliche Abweichung angeben. Auf der See aber, wenn
die Bewegung nicht allzystark ist, drehet man den Rah-
men so lange, bis der Verticalkreis in die Ebne der Son-
nenstrahlen kömmt, d. i. bis der Schatten der einen Seite just auf die andere fällt, so wird der Rand des Neigungskreises die magnetische Morgen - oder Abendweite
geben, je nachdem die Sonne auf der Ost - oder Westseite
steht; und da das Azimuth zu allen Zeiten des Tages
nebst der wahren Morgen- und Abendweite auf die gewöhnliche Weise gefunden werden kann, so giebt der Unterschied die Abweichung. Ist die Bewegung sehr stark,
so beobachtet man die äußersten Grenzen der Vibrationen,
und nimmt das Mittel für die magnetische Morgen - und

Abendweite. Scheint die Sonne nicht so hell, daß sie
Schatten giebt, so kann man dem messingnen Kreise, wofern nur die Sonnenscheibe zu sehen ist, durch Visiren
die gehörige Stellung geben. Der Hauptvortheil, den
man anfänglich durch diesen Compaß zu erreichen suchte,
war, eine Inclinationsnadel zu finden, welche zu Beobachtungen auf der See hinreichend wäre; da man die gewöhnlichen Nadeln durch ein oder das andere Mittel so
stellen muß, daß sie alle ihre Vibrationen in dem magnetischen Meridiane machen, weil sie außerdem ganz un-
tauglich sind. Denn, wenn eine Nadel rechtwinklicht gegen die magnetische Linie gestellt wird, so wird sie sich
an allen Orten der Welt lothrecht auf- und niederwärts
richten; daher ist die geringste Neigung allezeit in der
magnetischen Linie. Bisher aber ist die einzige Methode,
eine Inclinationsnadel auf der See gehörig zu stellen,
diese gewesen, daß man sie in einerley Linie mit dem gewöhnlichen Compaß gebracht hat; dies kann aber, wenn
die beyden Nadeln weit von einander abstehen, niemals
mit einiger Genauigkeit geschehen, und wenn sie einander
nahe sind, so zeigt wegen ihres wechselseitigen Einflusses
keine richtig. Und gesetzt auch, sie wären einmal gehörig
in diese Linie gestellt, so wird doch die geringste Bewegung des Schiffs sie wieder aus derselben bringen. Dieses Instrument aber hat in sich selbst ein beständiges Vermögen, sich nicht nur in die gehörige Stellung zu setzen,
sondern auch darin zu erhalten, und dieselbe wieder anzunehmen, wenn es daraus gebracht wird, und es ist sehr
deutlich zu sehen, wie es durch seine doppelte Bewegung
dem Schwanken des Schiffs gleichsam entgegenwirkt.
Das einzige, was ich noch zu bemerken habe, ist dieses.
Da es doch Menschenhänden unmöglich ist, irgend ein
Werkzeug mit wahrer mathematischer Genauigkeit zu verfertigen, so muß man, wenn zwo Theilungen vorhanden
sind, wie im gegenwärtigen Falle, eine am nördlichen,
die andere am südlichen Ende der Nadel, beyde beobach-

ten, und das Mittel zwischen beyden für die eigentliche
Inclination der Nadel annehmen. Bey diesem Compaß
aber hat man noch einen andern Weg, die Beobachtungen zu prüfen. Man nehme einen guten künstlichen Magnet, und stelle das eine Ende desselben auswendig am
Gehäuse des Compasses gegen die Nadel, so kann man
durch Bewegung des Magnets das nördliche Ende der
Nadel so weit herumführen, bis es gegen Süden stehet,
ohne das Gehäuse des Compasses zu öfnen. Legt man
hierauf den Magnet weg, so kömmt die Nadel nach einigen wenigen Vibrationen wieder in ihre gehörige Stellung: da aber jetzt sowohl die Nadel als der Neigungskreis umgekehrt ist, *), so wird sie zwar nicht mehr genau
auf den vorigen Grad der Theilung zeigen; das Mittel
aber zwischen beyden Angaben wird, wie ich glaube, der
Wahrheit so nahe kommen, als dies nur immer durch
irgend ein Instrument zu erreichen möglich ist.

I **Frage.** Kann man nicht einen Theil dieses kleinen Unterschieds, der Richtung des magnetischen Einflusses
(es bestehe derselbe, worin er wolle) in der stählernen Nadel zuschreiben? Und wenn man einen solchen Versuch
an den gewöhnlichen Azimuthal-Compassen anstellen könnte, ist es nicht wahrscheinlich, daß auch hierbey die Variation merklich seyn würde? II **Frage.** Kann dies
nicht verursachen, daß zween der besten Compasse dennoch
ein wenig von einander abweichen? III **Frage.** Könnte
man nicht dieser kleinen Abweichung einigermaßen dadurch
abhelfen, daß man die Enden der Nadel spitzig machte,
anstatt ihnen eine viereckigte Gestalt zu geben?
Ich bin rc.

*) D. **Lorimer** meint nemlich, man soll den Magnet so
anbringen, daß das Parallelogramm und der Neigungskreis
eine halbe horizontale Umdrehung machen, so daß dasjenige
Ende der Are von der Nadel, welches vorher gegen Westen
stand, sich nunmehr gegen Osten kehre.

Die stärkste Einwendung, welche einem jeden gegen das bisher beschriebne Instrument sogleich beyfallen muß, ist die Friction, welche besonders an den Zapfen des Neigungskreises die freye Bewegung der Nadel hindern muß. Wenigstens wird eine sehr genaue und geschickte Ausarbeitung erfordert, und die Zapfen des Neigungskreises müssen in Agat gehen.

Zweytes Capitel.

Versuche, wodurch man das Daseyn und die Beschaffenheit des Magnetismus bestimmet:

Die in gegenwärtigem Capitel vorgetragenen Versuche haben zur Absicht, Methoden anzugeben, wie man finden kann, ob sich ein Körper vom Magnet anziehen lasse, oder nicht, ob er einige magnetische Kraft besitze, oder nicht, und im Fall er sie besitzt, wie man seine Pole bestimme.

Erster Versuch.

Zu bestimmen, ob ein Körper einige Anziehung gegen den Magnet äußere, oder nicht.

Die verschiedenen Grade der Anziehung zwischen einem Magnete und eisenartigen Körpern erfordern verschiedene Methoden, sie zu untersuchen.

Wenn der gegebne Körper eine merkliche Menge Eisen enthält, so ist nichts weiter nöthig, als daß man einen natürlichen oder künstlichen Magnet mit demselben in Berührung bringe; man wird dabey gar bald bemerken, daß eine gewisse Kraft nöthig ist, um sie wieder von einander zu trennen. Die Größe dieser Kraft bestimmt den Grad der Anziehung zwischen dem gegebnen Körper

und dem Magnet: sind z. B. 2 Unzen Gewicht nöthig,
sie zu trennen, so ist die Anziehung noch einmal so stark,
als wenn es nur 1 Unze Kraft bedarf. Man muß
aber bey dieser Untersuchung darauf sehen, daß der Magnet und der zu untersuchende Körper einander ähnliche
Oberflächen entgegenkehren, und in vollkommne Berührung kommen; sonst wird es bey der Untersuchung verschiedener Körper unmöglich seyn, ihre Grade der Anziehung
gegen einerley Magnet zu vergleichen.

Wenn der gegebne Körper bey Anwendung der eben
beschriebenen Methode nicht merklich vom Magnete angezogen wird, so muß man ihn auf einem Stücke Kork oder
Holz in einem irdenen oder hölzernen Gefäße auf Wasser
setzen, so daß er schwimmet. Wenn man ihm unter diesen Umständen den Magnet von der Seite her nähert, so
wird sich die Anziehung bald zeigen, indem der Körper auf
den Magnet zu gehen wird. Bisweilen wird man den
Magnet wohl bis auf ₁⁄₁₀ Zoll an den schwimmenden Körper annähern müssen, um die Anziehung zu bemerken.
Wenn in diesem Falle der Körper gegen den Magnet zu
gehet, so muß man den letztern allmählig wegziehen und
niemals beyde gegen einander stoßen lassen, weil nach dem
Stoße der Körper, wenn er hart ist, gemeiniglich zurück-
weicht. Auch muß man darauf Achtung geben, daß der
Körper in Ruhe ist, wenn man den Magnet gegen ihn
bringt.

Noch geringere Grade der Anziehung, als die man
mit Hülfe des Wassers bemerkt, kann man entdecken,
wenn man den zu untersuchenden Körper auf Quecksilber
schwimmen läßt, und den Magnet dagegen hält, in welchem Falle der erstere sich mit ungemeiner Leichtigkeit bewegen wird.

Hiebey hat man auf folgende Umstände Achtung zu
geben. Die Oefnung des Gefäßes, in welchem das
Quecksilber enthalten ist, muß wenigstens sechs Zoll im
Durchmesser halten. Denn da die Oberfläche des Queck-

silbers an den Seiten des Gefäßes niedriger steht, und diese Krümmung in engen Gefäßen verhältnißmäßig größer ist, als in weiten, so wird der schwimmende Körper, wenn das Queckſilber in einem Gefäße von 3 oder 4 Zollen steht, stets gegen die Seitenwände zu fahren. Ein gemeiner Suppenteller ist zu dieser Abſicht ſehr bequem. Das Queckſilber muß ſehr rein ſeyn; da es aber ſehr schwer iſt, es rein zu finden oder zu erhalten, so muß man es oft durch einen papiernen Trichter laufen laſſen. Es wird dazu ein Stückchen Schreibpapier kegelförmig zuſammen gerollet, so daß es eine kleine Oefnung etwa von $\frac{1}{25}$ Zoll Durchmeſſer behält. Ist das Queckſilber unrein, so wird sich der schwimmende Körper darauf nicht einmal so leicht, als auf Waſſer, bewegen. Die umliegende Luft muß so ruhig als möglich bleiben, damit der Körper durch ſie nicht in Bewegung geſetzt werde. In dieſem Zuſtande muß man den einen Pol eines ſtarken Magnets gegen die eine Seite deſſelben bringen; eben so, wie der Verſuch auf dem Waſſer angeſtellt wird, und mit eben derſelben Vorſicht.

Zweyter Verſuch.

Zu finden, ob ein gegebner Körper einige magnetiſche Kraft beſitze, oder nicht.

Dieſer Verſuch erfordert genau das Verfahren beym vorigen, nur mit dieſem Unterſchiede, daß hier der gegebne Körper, wenn ſeine magnetiſche Kraft zu schwach iſt, um ſich bey einem dagegen gehaltenen Stück Eiſen von ſelbſt durch eine merkliche Anziehung zeigen zu können, auf Waſſer oder Queckſilber gelegt werden muß. Alsdann bringt man, anſtatt des Magnets beym vorigen Verſuche, mit eben der Vorſicht ein Stück weiches und reines Eiſen gegen ihn; denn, wenn er nur einige magnetiſche Kraft hat, so wird er bald von dem Eiſen angezogen werden, welches bey dieſem Verſuche weder ſehr lang noch ſchwer ſeyn muß. Ein Stück von einer halben Unze Gewicht

und gegen einen Zoll lange ist zu dieser Absicht sehr
bequem.

Dritter Versuch.

Die Pole eines gegebnen magnetischen Körpers zu finden.

Man bringe die verschiedenen Theile der Oberfläche
des magnetischen Körpers einen nach dem andern gegen
den einen Pol einer Magnetnadel, so wird man bald ge-
wahr werden, welche von denselben eine entgegengesetzte
Polarität besitzen, indem sich die Nadel perpendicular gegen dieselben richten wird.   Alsdann halte man die Theile
der Oberfläche des Körpers gegen den andern Pol der
Nadel u. s. w.

Man muß sich bey diesem Verfahren hüten, den
magnetischen Körper allzunahe an die Nadel zu bringen,
damit seine Polarität nicht verändert werde.   Der Abstand, in welchem diese Wirkung erfolgt, ist verschieden
und richtet sich nach der Stärke der magnetischen Kraft,
so daß man unmöglich Vorschriften darüber geben kann;
man wird aber niemals fehlen, wenn man den magnetischen Körper so weit von der Nadel abhält, daß er nur
gerade im Stande ist, eine merkliche Wirkung auf dieselbe zu thun.

Vierter Versuch.

Andere Methoden, eben die Absicht, wie beym vorigen Versuche, zu erreichen

Hat der gegebne Körper nur zween Pole, so kann
man dieselben auch ohne Magnetnadel bestimmen, wenn
man etwas Eisenfeile darauf streuet, und bemerket, an
welchen Stellen die Späne derselben aufrecht und perpendicular auf der Oberfläche des Körpers stehen; diese Stellen sind dann die Pole.   Um nun den Nordpol vom
Südpole zu unterscheiden, setze man den Körper auf Holz,
und lasse ihn auf Wasser schwimmen, oder binde einen

Faden darum und hänge ihn frey auf; so wird der Körper durch seine Richtung bald den Nordpol verrathen, er
wird sich nemlich mit demselben gegen Mitternacht, und
folglich mit dem entgegengesetzten Pole gegen Mittag kehren. In beyden Fällen, wenn nemlich der magnetische
Körper auf Wasser schwimmt, oder am Faden hängt,
muß er so gestellt seyn, daß beyde Pole in einer Horizontallinie liegen.

Inzwischen sind diese Methoden nicht so genau, als
die vorige mit der Magnetnadel; erstens, weil sie nicht zu
gebrauchen sind, wenn der gegebne Körper mehr, als
zween Pole hat, und zweytens, weil selbst die zween Pole
nicht allezeit in einer geraden Linie mit dem Mittelpunkte
des Körpers liegen.

Drittes Capitel.

Versuche über die Wirkung eines Magnets auf eisenartige Körper, welche nicht magnetisch sind.

Eigentlich zu reden, wirkt der Magnet nie auf unmagnetische Körper; denn wenn ein Stück Eisen oder ein
anderer eisenartiger Körper dagegen gehalten wird, so wird
derselbe zuerst magnetisch und dann erst angezogen. Es
ist daher in diesem Capitel die Rede nur von der Wirkung
des Magnets auf solche Körper, welche nicht vorher schon
magnetisch sind, ehe sie gegen den Magnet gebracht
werden.

Erster Versuch.

Die Wirkungen des Magnets auf weiches Eisen zu beobachten.

Man stelle eine Magnetnadel auf eine auf den Tisch
befestigte Spitze, und setze, sobald die Nadel ruhig steht,
einen eisernen Stab, etwa von 8 Zoll Länge und zwischen
½ Zoll und 1 Zoll Dicke, auf den Tisch, so daß das eine

H

Ende desselben dem Nordpole der Nadel zur Seite steht, und so nahe, daß die Nadel dadurch ein wenig aus ihrer natürlichen Richtung gezogen wird. In dieser Lage nähere man allmählig den Nordpol eines Magnets an das andere Ende des Stabs, und man wird sehen, daß sich das nördliche Ende der Nadel immer mehr von dem Stabe entfernt, je näher der Magnet demselben gebracht wird. Wiederholet man den Versuch, jedoch mit dem Unterschiede, daß der Südpol des Magnets gegen den eisernen Stab gerichtet wird, so kömmt das nördliche Ende der Nadel dem Stabe desto näher, je mehr der Südpol des Magnets dem Eisen genähert wird.

Die Ursache dieser Erscheinung ist folgende. Im ersten Falle erhält durch die Annäherung des Nordpols das Ende des eisernen Stabes, welches demselben am nächsten liegt, eine südliche, mithin das andere Ende eine nördliche Polarität, der zufolge die Nadel zurückgestoßen wird, weil gleichnamige magnetische Pole einander zurückstoßen. Im zweyten Falle aber, wenn der Südpol des Magnets gegen den Stab gebracht wird, erhält das nächste Ende desselben die nördliche, das entgegengesetzte also die südliche Polarität, es muß daher das letztere den Nordpol der Nadel anziehen.

Wenn man, indem der Pol des Magnets das eine Ende des Stabs berühret, eine kleine Magnetnadel in einer gewissen Entfernung gegen verschiedene Theile der Oberfläche des Stabes hält, so wird man aus dem Anziehen und Zurückstoßen der Nadel bemerken, daß diejenige Hälfte des Stabs, welche dem Magnet am nächsten stehet, die entgegengesetzte Polarität, die andere Hälfte aber einerley Polarität mit dem das Eisen berührenden Pole des Magnets hat.

Inzwischen liegt der magnetische Mittelpunkt oder die Grenze zwischen beyden Polaritäten nicht allezeit in der Mitte des Stabes, sondern fällt gemeiniglich näher gegen das dem Magnete zugekehrte Ende. Dieser Un=

terſchied iſt deſto größer, je ſchwächer der Magnet und je
länger der Stab iſt; geht aber die Länge des Stabs über
eine gewiſſe Grenze hinaus, welche von der Stärke des
Magnets abhängt, ſo bekömmt der Stab mehrere auf
einander folgende Pole.   Berührt z. B. das eine Ende
den Nordpol eines Magnets, ſo wird dieſes Ende ein
Südpol, einige Zoll weiter zeigt ſich eine nördliche, hierauf wiederum eine ſüdliche Polarität, u. ſ. f.   In dieſem
Falle kömmt der erſte magnetiſche Mittelpunkt ſehr nahe
an das Ende, welches dem Magnet am nächſten ſteht,
die übrigen magnetiſchen Mittelpunkte liegen zwiſchen jedem Paare von ſucceſſiven Polen.

Dieſe Pole werden immer ſchwächer an Kraft, je
weiter ſie von dem den Magnet berührenden Ende des
Stabs abliegen, ſo daß ſie bey einem ſehr langen Stabe
lange vorher ſchon aufhören, ehe man an das andere Ende
deſſelben kömmt; wenn man daher den Pol eines Magnets
an das eine Ende einer ſehr langen Stange hält, ſo bekömmt das andere Ende dadurch gar keine magnetiſche
Kraft.   Dies geſchieht, wenn ein Magnet, der etwa zwey
Pfund Eiſen zu heben vermögend iſt, an das Ende einer
eiſernen Stange gehalten wird, die einen Zoll ins Gevierte
und etwa 5 Fuß Länge hat.

Nimmt man den Magnet hinweg, ſo verliert die
Stange, wenn ſie von weichem Eiſen iſt, ſogleich allen
ihren Magnetismus; auſſerdem behält ſie denſelben längere oder kürzere Zeit, je nachdem ſie mehr oder weniger
Härte hat.

Wird dieſer Verſuch mit Stäben von gleicher Größe,
aber von verſchiedenen Graden der Härte angeſtellt, ſo
zeigt ſich aus dem Anziehen und Zurückſtoßen der Magnetnadel, daß das weiche Eiſen mehr magnetiſche Kraft
erhält, als das harte, oder der Stahl u. ſ. w.

Zweyter Versuch.

Die Wirkung des Magnets auf eisenartige Körper durch das Zurückstoßen und Anziehen zweyer Stücken Drath zu zeigen.

Man binde zwey Stücken weichen eisernen Drath AB, AB, Taf. II. Fig. 1. jedes an einen besondern Faden AC, AC; so daß beyde Fäden oben zusammen in eine Schleife gebunden werden, an der man sie an einer Nadel so aufhängen kann, daß die Stücken Drath AB, AB in einiger Entfernung von der Wand hängen. Hierauf bringe man das bezeichnete Ende D eines magnetischen Stabs, welches gewöhnlich der Nordpol ist, gerade unter dieselben, und man wird finden, daß sie sogleich, wie bey Fig. 2., einander zurückstoßen. Ihre Divergenz wird größer, wenn der Magnet bis auf eine gewisse Grenze näher gebracht wird, und nimmt ab, wenn man den Magnet wieder entfernt. Die Ursache dieser Erscheinung läßt sich sehr leicht aus den allgemeinen Gesetzen des Magnetismus herleiten. Es erhalten nemlich die Enden der Dräthe BB durch die Nähe des Nordpols D vom Magnete eine südliche Polarität, und stoßen folglich einander zurück, so wie auch die Enden AA einerley Polarität, nemlich die nördliche, erhalten, und daher einander gleichfalls zurückstoßen.

Wenn man, anstatt des Nordpols, den Südpol des Magnets den Dräthen entgegen kehret, so stoßen sie einander eben so, wie vorher, zurück; es sind aber jetzt die Enden BB Nordpole, so wie AA Südpole, geworden.

Nimmt man den Magnet hinweg, so fallen die Dräthe, wenn sie von weichem Eisen sind, bald zusammen, weil sie ihre magnetische Kraft verlieren; hat man aber Stahldrath oder Nähnadeln dazu genommen, so stoßen sie einander auch noch nach weggenommenem Magnete zurück, weil der Stahl die magnetische Kraft an sich behält.

Es ist im vorigen gesagt worden, daß die Divergenz der Dräthe, wenn der Magnet ihnen immer näher gebracht wird, **bis auf eine gewisse Grenze** zunehme. Die Ursache, warum dies nur bis auf eine gewisse Grenze statt findet, ist die Anziehung zwischen dem Magnet und den Enden der Dräthe selbst, welche, wenn der Magnet allzunahe kömmt, der Repulsion zwischen den Enden BB entgegen wirkt, so daß die Dräthe in diesem Falle, wie bey Fig. 3. stehen. Wird der Versuch mit Stahldrath oder Nähnadeln angestellt, welche den mitgetheilten Magnetismus auch nach der Entfernung des Magnets behalten, so werden die äußersten Enden mehr divergiren, wenn man den Magnet weggenommen hat, als wenn derselbe noch in der Nähe ist.

Dritter Versuch.

Die Wirkung des Magnets auf eisenartige Körper durch vier Stücken Stahl oder Nähnadeln zu zeigen.

Man nehme vier Stücken Stahldrath oder vier gewöhnliche Nähnadeln, binde Fäden darum, und knüpfe dieselben, je zween und zween, wie beym vorhergehenden Versuche zusammen. Hierauf bringe man einerley Pol des Magnets unter beyde Paare, nemlich unter eines nach dem andern, so werden sie dadurch einen bleibenden Magnetismus erhalten, und die Dräthe in jedem Paare werden einander zurückstoßen. Legt man nun den Magnet auf die Seite, und bringt das eine Paar Dräthe gegen das andere, so daß ihre untersten Enden alle in einerley Horizontalfläche kommen, so stoßen die vier Dräthe einander zurück, und stellen sich in ein Viereck, weil ihre untersten Enden alle einerley Polarität haben.

Wenn man aber, anstatt allen untern Enden einerley und allen obern die entgegengesetzte Polarität zu geben, den untern Enden des einen Paars die eine und denen des

andern Paars die entgegengeſetzte Polarität giebt, ſo werden zwar, wenn man beyde Paare weit auseinander hält,
die Dräthe eines jeden ſich abſtoßen und von einander
fliehen; bringt man aber beyde Paare zuſammen, ſo werden alle vier Dräthe in ein Bündel zuſammenfallen. Die
Urſache hievon iſt dieſe, daß die entgegengeſetzten Polaritäten beyder Paare, wenn ſie einander nahe kommen, ſich
anziehen und die Repulſion zwiſchen den Dräthen der
einzelnen Paare aufheben.

Man kann auch mehr als zwey Paare von Dräthen
oder Nadeln nehmen, und einem Theile derſelben am
untern Ende die eine Polarität, dem übrigen Theile hingegen die andere geben, und ſo Wirkungen hervorbringen,
welche den oben beſchriebenen ähnlich ſind.

Vierter Verſuch.
Wirkung des Magnets auf Eiſenfeile.

Man ſtreue etwas Eiſenfeile auf ein Blatt Papier,
welches auf dem Tiſche liegt, und lege einen kleinen künſtlichen Magnet darauf. Alsdann klopfe man einige mal
ganz gelind mit der Hand auf den Tiſch, ſo daß die Feil-
ſpäne ein wenig geſchüttelt werden, ſo wird man finden,
daß ſich dieſelben auf die Taf. II. Fig. 4. vorgeſtellte Art
rings um den Magnet herumlegen. Mehrere Theile
derſelben hängen ſich aneinander, und ſtellen ſich in Linien,
welche an den Polen in einerley Richtung mit der Are
des Magnets fortgehen, ein wenig ſeitwärts aber von den
Polen des Magnets ſich anfangen zu krümmen, und dann
vollkommne Bogen bilden, welche von einem Punkte in
der nördlichen Hälfte des Magnets bis zu einem Punkte
in der andern Hälfte reichen, welche die ſüdliche Polarität hat.

Dieſe ſchon ſeit langen Zeiten beobachtete Erſchei-
nung hat verſchiedene Gelehrte bewogen, zu glauben, daß
es einen Umlauf oder Wirbel einer Materie von einem

Pole eines jeden Magnets zum andern gebe, durch welchen die Eisen- oder Stahlfeile so um den Magnet herum gelegt werde. Auf den ersten Blick kann auch der weniger geübte leicht verleitet werden, einen solchen Umlauf einer Materie zu glauben; ein wenig Ueberlegung aber wird das Widersprechende dieser Voraussetzung bald zeigen. Denn wenn wirklich eine Materie, von welcher Beschaffenheit sie auch seyn möchte, von einem Pole zum andern circulirte, und auf die Eisenfeile wirkte, so würden die Späne alle gegen den Pol zu getrieben werden, nach welchem diese Materie hinströmte.

Die wahre Ursache dieser Stellung der Eisenspäne ist vielmehr diese, daß dieselben wirklich magnetisch werden, daher die beyden Enden eines jeden Spänchens entgegengesetzte Polaritäten bekommen. Man nehme einmal an, ein einziges länglich gestaltetes Eisentheilchen werde an verschiedene Theile der Oberfläche eines Magnets gebracht, so ist aus dem, was wir im vorigen vorgetragen haben, offenbar, daß an den Polen dieses Eisentheilchen, wie AB. Taf. II. Fig. 5. perpendiculär auf der Oberfläche stehen wird, weil sein entfernteres Ende B einerley Polarität mit dem Ende C des Magnets hat, also von demselben von beyden Seiten her gleich stark zurück gestoßen wird, von dem Einflusse des andern Endes D aber gänzlich entfernt ist. An den Seiten um den Pol aber wird eben dieses Theilchen schief stehen, weil nun der entferntere Pol des Magnets auf dasselbe zu wirken anfängt; und in der Mitte des Magnets wird es sich dicht an denselben anschließen, oder wenn es in einiger Entfernung gehalten wird, mit demselben parallel liegen, weil beyde Pole des Magnets gleich weit von seinen beyden Enden abstehen, und also eine gleiche Wirkung auf dasselbe ausüben. Sind nun mehrere solche Eisentheile, nemlich die Feilspäne in der Nachbarschaft des Magnets vorhanden, so werden diejenigen, welche seine Oberfläche berühren, magnetisch, ziehen daher andere Theilchen an, welche eben

falls magnetisch werden, und wiederum andere anziehen.
So entstehen Reihen von kleinen Magneten, welche nach
und nach immer schwächer an Kraft werden, je weiter sie
vom großen Magnet ab liegen. Da jedes dieser Theilchen zween magnetische Pole hat, so ergiebt sich bey einigem Nachdenken leicht, daß die entferntesten Enden derjenigen Reihen, welche von den Theilen und dem einen
Pol des Magnets z. B. dem Nordpole, ausgehen, eine
nördliche Polarität, hingegen die entferntesten Enden derjenigen Reihen, welche von den Theilen um den Südpol
ausgehen, eine südliche Polarität haben müssen: wenn also beyde einander nahe genug kommen, so müssen ihre
Enden einander anziehen und also die in der Figur vorgestellten krummen Knien bilden.

Das Klopfen auf den Tisch dient bey diesem Versuche, um die Feilspäne von dem Papiere los zu machen
und ein wenig in die Höhe zu erheben, damit sie sich frey
in die gehörige Lage stellen können; sonst würde der Magnet nicht Kraft genug haben, die in einer beträchtlichen
Entfernung befindlichen Theilchen gehörig zu stellen.

Fünfter Versuch.

Die Wirkung des Magnets vermittelst eines aufgehangenen Körpers zu zeigen.

Man binde einen Faden an das eine Ende eines
Stücks von weichem Eisendrath AB, Taf. II. Fig. 6. welches etwa vier Zoll lang ist, und hänge es frey auf. Ferner stelle man ein Stativ so, daß es einen Stab von weichem Eisen CD trägt, dessen eines Ende C etwa ⅓ Zoll
von dem untern Ende B des Drathes absteht. Wenn
man nun hierauf den einen Pol eines starken Magnets
EF darunter bringt, so wird man finden, daß das Ende
B des Draths AB von dem Ende C des eisernen Stabes
abgestoßen wird, weil beyde einerley Polarität bekommen;
wird aber der Magnet gegen den obern Theil des Draths

in der Stellung GH gehalten, so wird das Ende B von
dem Ende C des eisernen Stabs angezogen, weil, im Fall
G der Nordpol des Magnets ist, das Ende des Stabs C,
welches G am nächsten steht, eine südliche Polarität erhält; dahingegen B, als der vom Nordpole G entferntere
Theil des Draths, eine gleichnamige, d. i. eine nördliche
Polarität bekömmt, mithin von C angezogen wird.

Sechster Versuch.
Die Wirkung des Magnets an einem gebognen Drathe zu zeigen.

Man lasse einen eisernen Drath etwa von $\frac{1}{4}$ Zoll
Durchmesser und 4 — 5 Zoll Länge so biegen, wie ABC
Taf. II. Fig. 7. zeigt, daß in der Mitte bey C ein hervor-
ragender Theil bleibt. Diesen Drath binde man fest an
einen Querbalken, oder lasse ihn durch einen Gehülfen
mit dem hervorragenden Theile C niederwärts halten.
Alsdann halte man den einen Pol des Magnets DE an
das eine Ende desselben A, und bringe, indem der Magnet sich in dieser Lage befindet, ein Stück Eisen von geringer Größe H, an den Winkel C, so wird man finden,
daß das Eisen hängen bleibet. Wenn man aber nun einen andern Magnet an das andere Ende des gebogenen
Draths B so anbringt, daß der Pol G der entgegengesetzte
des Pols E ist, so fällt das Eisen H sogleich ab. Ist
hingegen der Pol G gleichnamig mit dem Pole E, d. i.
sind beydes Nord- oder Südpole, so bleibt nicht allein das
Eisen H an C hängen, sondern dieser Winkel wird auch
fähig, ein noch größeres Gewicht, als H, zu tragen.
Die Ursache hievon ist folgende. Im ersten Falle hatten
die Enden des Draths A und B entgegengesetzte Polaritäten; mithin war der Winkel C ihr magnetischer Mittelpunkt, in welchem weder Anziehung noch Repulsion statt
findet. Im letzten Falle aber, wo A und B einerley Polarität hatten, mußte der Winkel C die entgegengesetzte

Polarität annehmen, wobey der gebogne Drath zween magnetische Mittelpuncte, nemlich auf jeder Seite einen, erhielt.

Siebenter Versuch.

Zu zeigen, unter welchen Umständen ein Magnet das stärkste Gewicht aufheben könne.

Man nehme einen magnetischen Stab, und suche durch Proben ein längliches Stück Eisen aus, welches etwa 4 Zoll lang ist, und etwas weniges mehr wiegt, als der Magnet ertragen kann. Wenn man dieses Eisen mit der Hand an den einen Pol des Magnets andrückt, so wird es, so bald man die Hand hinwegzieht, offenbar herabfallen; wenn man aber vor dem Wegziehen der Hand ein anderes größeres Stück Eisen gerade unter das unterste Ende des vorigen und etwa ⅜ oder ¼ Zoll weit von demselben hält, so wird der Magnet nunmehr das Stück Eisen tragen, welches er, ehe man das zweite darunter hielt, nicht tragen konnte. Kurz, ein Magnet kann mehr Gewicht von einem andern Eisen, z. B. von einem Amboße u. dergl. aufheben, als er von einem Tische aufheben kann.

Die Ursache hievon ist, daß im erstern Falle die eiserne Unterlage oder das untere Stück Eisen selbst einigermaßen magnetisch wird, mithin den Magnetismus des erstern Stücks und die Anziehung zwischen selbigem und dem Magnete verstärken hilft, welches nicht statt findet, wenn das Eisen vom Tische oder von einem andern Körper aufgehoben wird, welcher nicht im Stande ist, einigen Magnetismus anzunehmen.

Um diese Eigenschaft des Magnets noch verständlicher zu machen, wollen wir annehmen, es werde ein Stück Eisen an den Nordpol eines Magnets gehalten, so ist klar, daß derjenige Theil davon, welcher dem Magnete am nächsten steht, durch die Wirkung desselben eine südliche Polarität erhält, dagegen der andere Theil oder das untere Ende eine nördliche Polarität bekömmt. Die Anziehung ist eine Folge dieses angenommenen Magnetismus, und wird desto stärker, je größer der letztere ist; was also den Magnetismus in dem Eisen verstärkt, das muß auch die Anziehung verstärken. Wenn sich nun noch ein anderes Stück Eisen unter dem vorigen befindet, so wird dasselbe, weil es in dem Wirkungskreise des Magnets ist, ebenfalls magnetisch, und der gegen den Nordpol des Magnets zu gekehrte Theil erhält eine südliche Polarität; er kehrt sich aber zugleich gegen den untern Theil des erstern Stückes, welcher ein Nordpol ist, und verstärkt daher die nördliche Polarität desselben, mithin auch die südliche des obern den Magnet berührenden Theiles.

Man erhält auch in der That eben dieselbe Wirkung, wenn man anstatt des zweyten Stücks Eisen, den Südpol eines andern Magnets in geringer Entfernung unter das untere Ende des am Magnete hängenden Eisens hält; es wird dadurch die Anziehung zwischen demselben und dem Nordpole des ersten Magnets verstärkt; hält man aber den Nordpol des zweyten Magnets darunter, so erfolgt die entgegengesetzte Wirkung, es wird die magnetische Kraft geschwächt und folglich die Anziehung vermindert.

Achter Versuch.

Die veränderliche Kraft des Magnets durch daran gehangnes Eisen darzuthun.

Man hänge einen Magnet an einem Orte auf, wo er ruhig hängt, und gebe ihm soviel Gewicht, als er gerade zu tragen vermag. *) An dieses Gewicht befestige

*) In dieser Absicht muß der Magnet, er sey ein natürlicher oder ein künstlicher, bewaffnet oder in Form eines Hufeisens gestaltet seyn, damit seine Pole in einerley Horizontal-

man einen Haken oder eine Wagschale. Den folgenden
Tag wird man schon etwas mehr Gewicht in die Wagschale legen können, und der Magnet wird es tragen.
Einen oder zween Tage darauf kann man noch etwas mehr
Gewicht hinzuthun, u. s. f., daß sich also die Kraft des
Magnets täglich verstärkt: und obgleich dieses Zunehmen
der Kraft weder ganz uneingeschränkt noch auch sehr regelmäßig ist, indem die Abwechselungen der Wärme und
Kälte u. dergl. darauf Einfluß haben; so kann man doch,
im Ganzen genommen, die Kraft eines Magnets durch
dieses Mittel ansehnlich verstärken.

Es ist sehr merkwürdig, daß man während dieser
Operation, wenn das Eisen vom Magnete abfällt, und
wieder daran gebracht wird, den Magnet augenblicklich
schwächer findet, als er gleich vorher war, so daß man
nunmehr das Gewicht vermindern muß, ob man es gleich
während der folgenden Tage wieder nach und nach verstärken kann. Man muß daher beym Einlegen der Gewichte
in die Wagschale oder beym Anhängen derselben an den
Haken Sorge tragen, daß man dem Eisen keinen Stoß
gebe, durch welchen es herabfällt, weil sonst ein großer
Theil der Arbeit verlohren geht.

Der Grund dieses Versuchs beruhet darauf, daß das
Eisen, wenn es magnetisch wird, die Kraft des Magnets
selbst zu verstärken strebt, eben so, wie jeder andere Magnet sich bestrebt, einen eisenartigen Körper, der in seinen Wirkungskreis gebracht wird, magnetisch zu machen.
Fällt das Eisen ab, so verliert der Magnet einen Theil
dieser erhaltenen Kraft, besonders wenn er mehr davon,
als seinen Sättigungspunct ausmacht, angenommen hat,
weil alsdann die Ursache wegfällt, die seine Kraft ver-
stärkte; und wenn man das Eisen wieder daran bringt,
so nimmt er die verlohrne Kraft nicht so gar leicht wieder

ebne kommen. Unter diesen Umständen wird die Wirkung
mehr in die Augen fallen.

an, weil doch eine beträchtliche Zeit dazu gehört, wenn
einem harten eisenartigen Körper, dergleichen der Magnet ist, ein gewisser Grad von magnetischer Kraft mitgetheilt werden soll, besonders wenn diese Mittheilung durch
die Wirkung eines weit schwächern Magnets, dergleichen
das eiserne Gewicht ist, geschehen muß.

Nach des Herrn Aepinus Hypothese einer magnetischen Materie läst sich dieser Versuch so erklären: Die
magnetische Materie in einem Magnete ist nicht gleichförmig durch seine Substanz vertheilet; sondern der eine Pol,
oder die eine Hälfte, ist überladen, die andere enthält zu
wenig. Zwischen dem zu wenig enthaltenden Theile und
der überflüssigen Menge der magnetischen Materie in dem
überladenen Theile findet eine starke Anziehung statt und
die Wiederherstellung des Gleichgewichts wird durch die
Härte oder irgend eine andere Eigenschaft des Magnets
großentheils verhindert. Wird nun Eisen an den Magnet gehangen, so wird auch dieses magnetisch, d. h. derjenige Theil desselben, welcher den überladnen Pol des
Magnets berührt, enthält zu wenig, und der entgegengesetzte Theil wird überladen. Unter diesen Umständen strebt
der zu wenig enthaltende Theil des Eisens, die magnetische Materie aus dem Magnete selbst gegen sich zu ziehen,
häuft also dieselbe bey dem überladnen Pole des Magnets
an, oder zieht sie näher gegen denselben. Auf der andern
Seite strebt der überladne Theil des Eisens, welcher den
zu wenig enthaltenden Pol des Magnets berührt, die magnetische Materie von diesem Pole hinwegzutreiben. Da
nun der Hypothese zufolge die Kraft des Magnets von der
ungleichen Vertheilung der magnetischen Materie herkömmt, so muß die Wirkung des Eisens, indem sie diese
ungleiche Vertheilung beständig zu vergrößern strebt, auch
die Kraft des Magnets verstärken.

Es folgt übrigens hieraus, daß ein Magnet viel von
seiner Kraft verlieren kann, wenn man ihn ohne daran
gehangnes Eisen läst.

Neunter Versuch.

Wirkungen des Magnets auf verschiedene Arten von eisenartigen Substanzen.

Man lasse sich aus verschiedenen Sorten von Eisen und Stahl, Stäbe von gleicher Größe, nemlich etwa 5 Zoll lang und ⅛ Zoll dick, verfertigen; und untersuche alsdann dieselben, einen nach dem andern, auf folgende Art. Man stelle eine Magnetnadel so, daß der eine Pol derselben etwa einen Zoll weit von dem einen Ende des eisernen oder stählernen Stabs absteht; es müssen aber Nadel und Stab nicht in einerley Richtung stehen. Hierauf bringe man den einen Pol eines Magnets gegen das andere Ende des Stabs; dadurch wird die Nadel aus ihrer vorigen Stellung verrückt werden. Wiederholt man nun dieses Verfahren mit allen Stäben, so wird man finden, daß die Nadel am stärksten verschoben wird, wenn der Stab von weichem, am wenigsten aber, wenn er von hartem Stahl oder von brüchigem Roheisen ist; die übrigen eisenartigen Substanzen wirken auf die Nadel in einem Grade, der zwischen vorgedachte beyde äußerste Grenzen fällt.

Dieser Versuch zeigt deutlich, daß der Magnet auf weiches Eisen stärker wirkt, als auf eben dieses Metall in irgend einem andern Zustande; weil das weiche Eisen den stärksten Grad von magnetischer Kraft erhält, und also die Nadel am meisten störet. Hieraus sieht man auch, warum ein Magnet weiches Eisen mit mehr Kraft anzieht, als andere eisenartige Substanzen, weil nemlich dasselbe stärker magnetisch wird, wenn ein Magnet darauf wirket.

Man wird auch bey diesem Versuche finden, daß diejenigen Stäbe, welche am wenigsten magnetisch werden, und folglich am schwächsten auf die Nadel wirken, nach wieder weggenommenem Magnet einigen

Magnetismus behalten, da hingegen das weiche Eisen denselben augenblicklich wieder verliert; welches deutlich zeigt, daß die Schwierigkeit, Magnetismus anzunehmen, und die Eigenschaft, den einmal angenommenen zu behalten, beyde von einerley Ursache herrühren, nemlich von dem Widerstande, welchen eisenartige Substanzen dem freyen Durchgange der magnetischen Materie oder derjenigen Kraft, welche die magnetischen Erscheinungen hervorbringt, entgegen setzen.

Viertes Capitel.

Von der Wirkung der Magnete auf einander selbst.

Erster Versuch.

Wirkung eines Magnets auf einen magnetischen Stahldrath.

Man nehme einen weichen Stahldrath, wie AB, Taf. II. Fig. 8., etwa 5 Zoll lang und ¼ Zoll dick, und gebe ihm etwas magnetische Kraft, indem man ihn 1 bis 2 Minuten lang zwischen zween Magnetstäbe stellet. Hierauf suche man seinen magnetischen Mittelpunct C, nach dem im zweyten Capitel beschriebenen Versuche, lege den Drath auf den Tisch und setze einen magnetischen Stab DE daneben, so daß beyde Nordpole einander entgegengekehrt sind. Wenn man in dieser Stellung den Drath AB mit Hülfe einer Magnetnadel untersucht, so wird man finden, daß die Wirkung des Magnets DC den magnetischen Mittelpunct C weiter von dem Ende B entfernt hat; und je näher der Magnet an B kömmt, desto näher rückt der magnetische Mittelpunct C an das Ende A. Zuletzt wird das Ende B des stählernen Draths ein Südpol, der Nordpol rückt weiter gegen C, und es entsteht ein neuer magnetischer Mittelpunct zwischen diesen beyden

Polen. Bey diesem Versuche entsteht sehr viel Verschiedenheit aus der verschiedenen Stärke des Magnets, der länge und Weiche des Eisens, und der Entfernung beyder von einander.

1. Wenn der stählerne Drath sehr lang ist, so erhält er mehrere abwechselnde Pole, und der ursprüngliche magnetische Mittelpunct C kömmt dem Ende A verhältnißmäßig nicht so nahe, als wenn der Drath kürzer ist.

2. Ist der Drath AB sehr kurz, so werden seine Pole durch die Annäherung des Magnets umgekehrt, so daß B, der vorige Nordpol, nunmehr Südpol, und A der Nordpol wird.

3. Ist die Kraft des Magnets DE so schwach, daß sie der Kraft des Draths AB ziemlich gleich kömmt, so thun beyde gleiche Wirkung auf einander; die Folge hievon ist, daß in beyden die Nordpole ein wenig von den Enden B und D abrücken, wofern nur die Substanzen beyder Magnete auch gleich weich sind.

4. Ist der Magnet DE stark, und wird er dem stählernen Drathe AB allmählig näher gebracht, so wird in dem letztern die Polarität des Endes B anfänglich vermindert, dann vernichtet, und zuletzt in die entgegengesetzte verwandelt.

Wenn man die angeführten Umstände aufmerksam erwäget, so erhellet, daß beyde Magnete, ehe die Polarität in B verändert wird, einander zurückstoßen, daß sie, wenn die Polarität von B verschwindet, einander weder anziehen noch zurückstoßen, und endlich, daß sie einander anziehen müssen, sobald das Ende B die südliche Polarität erhalten hat.

Im dritten Falle können die beyden Magnete wenig oder gar nicht auf einander wirken, so daß weder Anziehung noch Repulsion zwischen ihnen statt finden.

Zweyter Versuch.

Wirkung beyder Pole an zween Magneten, auf einander.

Was wir beym vorigen Versuche in Absicht auf einen magnetischen Pol gesagt haben, das wird sich nun leicht anwenden lassen, um die Wirkung beyder Pole eines Magnets auf die beyden Pole eines andern zu erklären.

Es seyen CED, AFB, Taf. II. Fig. 9. zween halbkreisförmige Magnete, deren gleichnamige Pole einander genähert werden; es mögen A und C die Nordpole, B und D die Südpole seyn. Die Folgen dieser Annäherung werden verschieden seyn, und sich nach der Stärke der Magnete und ihrer Entfernung von einander richten. Sind sie z. B. von ungleicher Stärke, und man bringt sie allmählig gegen einander, so müssen die Pole des schwächern nach und nach immer schwächer werden, in welchem Falle ein Zurückstoßen zwischen beyden Magneten statt findet; hierauf müssen sie ihre Kraft ganz verlieren, wobey weder Anziehen noch Zurückstoßen erfolgt, und endlich muß sich ihre Polarität völlig umkehren, worauf denn beyde Magnete einander anziehen.

Sind die Magnete von gleicher Kraft, und von sehr harter Beschaffenheit, so werden sie einander allezeit zurückstoßen, weil in keinem von beyden die Pole entkräftet oder umgekehrt werden; sind sie aber von gleicher Kraft, und dabey weich, so hebt bey genugsamer Nähe einer des andern Polarität auf, und dann kann weder Anziehung noch Repulsion statt finden.

Bey diesem Versuche werden die magnetischen Mittelpuncte E und F nicht von ihren Stellen verschoben, weil die Wirkung der beyden Pole auf beyden Seiten gleich ist. Das einzige, was geschehen kann, ist, daß mehrere magnetische Mittelpuncte, folglich auch mehrere Pole, entstehen, deren Anzahl von der Länge, Härte und Kraft der Magnete abhängt.

I

Dritter Versuch.

Wirkung der entgegengesetzten Pole zweener Magnete auf einander.

Bey beyden vorhergehenden Versuchen wurden die gleichnamigen Pole der Magnete gegen einander gebracht; wenn aber dieselben so wiederholt werden, daß man die Südpole gegen die Nordpole bringt, so werden die Erscheinungen folgende seyn.

Die magnetischen Pole jedes Magnets werden stärker, je näher beyde aneinander kommen; die Anziehung nimmt in eben dem Verhältnisse zu, und kann sich nie in Repulsion verwandeln. Da aber der Grad der Anziehung, wenn alles übrige gleich bleibt, von der Stärke der entgegengesetzten Pole abhängt, und da das Zunehmen der Polarität eines Magnets durch die Wirkung eines andern vornehmlich auf die Weiche des einen Magnets ankömmt, so folgt, daß unter gewissen Umständen ein schwächerer Magnet mit mehr Kraft, als ein stärkerer, angezogen werden kann.

Um dieses anscheinende Paradoxon deutlicher zu machen, verschaffe man sich zwey kleine Magnetstäbe, genau von gleicher Größe, deren einer aber von dem härtesten, der andere von dem weichsten Stahle gemacht ist. Der letztere muß auch sehr wenig magnetische Kraft, der erstere hingegen deren mehr haben. Wenn man nun diese Magnete, einen nach dem andern, an einen dritten Magnet bringt, welcher weit mehr Kraft, als die beyden vorigen, hat, so wird man finden, daß der schwache Magnet, d. i. der von weichem Stahl weit stärker, als der andere, angezogen wird. Die Ursache hievon ist diese, daß die Pole des Magnets von weichem Stahl durch die Annäherung des dritten Magnets beträchtlich verstärkt werden, weil er weich ist, obgleich aus eben dieser Ursache die Kraft bald wieder vermindert wird, wenn man ihn aus dem Wirkungskreise des dritten Magnets entfernt; da hingegen die Pole des Magnets von hartem Stahl durch die Wirkung des dritten Magnets nur ein wenig, aber seiner Härte wegen nicht so sehr, verstärkt werden, als die Pole des Magnets von weichem Stahl.

Es erhellet also aus diesem und den beyden vorhergehenden Versuchen, daß zween gegen einander gebrachte Magnete sich zurückstoßen, anziehen, oder auch gar nicht auf einander wirken können, je nachdem die im vorigen angeführten Umstände eintreten; daß sich die Repulsion in einer gewissen Entfernung, wenn man die Magnete näher zusammenbringt, in Anziehung verwandeln kann; daß die Anziehung, welche in einer gewissen Distanz statt findet, bey weiterer Entfernung beyder Magnete von einander, in Repulsion übergehen kann *); und daß ein schwächerer Magnet in gewissen Fällen mit mehr Kraft, als ein stärkerer, angezogen wird; wobey allemal das sichere und unveränderliche Gesetz statt findet, daß die gleichnamigen Pole sich zurückstoßen und die ungleichnamigen sich anziehen, daher man, wenn zwischen solchen Theilen eisenartiger Körper, welche vorhero einerley Polarität hatten, eine Anziehung entstoht, sicher schließen darf, daß die Polarität des einen verändert worden sey.

*) Wenn z. B. zween Magnetstäbe von ziemlicher Länge, die nicht sehr hart und von ungleicher Kraft sind, so in einerley Richtung gestellt werden, daß der Nordpol des einen gegen den Nordpol des andern kömmt, so wird der Nordpol des schwächern Magnets in einen Südpol verwandelt, daher eine Anziehung statt findet: entfernt man aber beyde weiter von einander, so wird das ursprünglich südliche Ende des schwächern Stabs die nördliche Polarität des entgegengesetzten Endes wiederherstellen, und es wird daher eine Repulsion erfolgen.

Vierter Versuch.

Die Anziehung zwischen Magnet und Eisen durch einen andern Magnet von gleicher Kraft zu verstärken oder zu
schwächen.

Man stelle einen Magnetstab, Taf. II. Fig. 10. so,
daß der eine Pol ein wenig über den Rand des Tisches
hervorragt, und bringe ein eisernes Gewicht C daran.
Hierauf nehme man einen andern dem vorigen ganz gleichen Magnetstab DE, und halte ihn parallel gerade über
den vorigen, so daß die entgegengesetzten Pole über einander zu stehen kommen; so wird dadurch die Anziehung
von B geschwächt werden, und das Eisen C, wenn es sehr
schwer ist, abfallen, weil der Magnet jetzt nur noch ein
kleineres Stück zu halten vermögend ist. Kurz die Anziehung wird vermindert, und wenn beyde Magnete völlig
in Berührung kommen, verschwindet sie gänzlich, wofern
beyde genau eine gleiche Kraft haben. Wiederholt man
aber den Versuch so, daß die gleichnamigen Pole beyder
Magnete über einander stehen, so wird die Anziehung
nicht vermindert, sondern verstärkt werden.

Da die Anziehung zwischen Magnet und Eisen daher kömmt, daß das Eisen eine entgegengesetzte Polarität
erhält, so folgt, daß alles, was diese entgegengesetzte Polarität verstärkt, auch die Anziehung verstärken muß, so
wie im Gegentheil alles, was die entgegengesetzte Polarität des Eisens vermindert oder vernichtet, auch die Anziehung schwächen oder aufheben muß. Wenn daher die Enden der Magnete E und B beydes Nordpole oder beydes
Südpole sind, so wird der Theil des Eisens, welcher dem
B am nächsten steht, die entgegengesetzte Polarität desto
stärker erhalten, je näher die Magnete an einander kommen; sind aber B und E ungleichnamige Pole, so werden
sie die Polarität des Eisens hindern. Denn wenn ihm
der eine davon die nördliche Polarität mitzutheilen strebt,

so sucht der andere eben demselben Theile des Eisens die südliche zu geben.

Fünfter Versuch.

Die Wirkung zwischen Magnet und Eisen durch einen andern stärkern oder schwächern Magnet zu verstärken oder zu vermindern.

Wenn der vorhergehende Versuch mit Magneten von ungleicher Stärke wiederholt wird, daß z. B. der Magnet DE weit stärker ist, so wird man bey Annäherung der Magnete an einander finden, daß der stärkste Grad der Anziehung, wenn die entgegengesetzten Pole gegen einander gekehrt sind, und die gänzliche Vernichtung der Anziehung, wenn sich die gleichnamigen Pole gegen einander kehren, noch vorher statt findet, ehe beyde Magnete in Berührung kommen. Die Ursache hievon wird der nachdenkende Leser leicht aus dem vorhergesagten finden können.

Sechster Versuch.

Die Entstehung der Pole und magnetischen Mittelpuncte in den Stücken eines zerbrochnen Magnets.

Man nehme einen Magnetstab AB, Taf. II. Fig. 11. von sehr hartem Stahl, der nur zween Pole A und B hat. Ein Stab von 6 bis 8 Zoll lange und etwa $\frac{1}{4}$ Zoll Durchmesser wird sich zu diesem Versuche am besten schicken. Der magnetische Mittelpunct dieses Stabs wird in der Mitte bey dem Puncte C, oder doch nicht weit von demselben seyn. Wenn man nun durch einen starken Schlag mit dem Hammer das Stück FB abbricht, welches etwa ein Drittel des ganzen Magnets ausmacht, so könnte man wohl vermuthen, es werde dieses Stück, welches vor dem Bruche durchaus einerley Polarität, z. B. die nördliche,

hatte, auch jetzt dieselbe noch behalten.   Man wird aber
bey der Untersuchung finden, daß der Theil des Stücks,
welcher an den Bruch angrenzt, die entgegengesetzte, nemlich die südliche, Polarität bekommen hat, und daß ein
neuer magnetischer Mittelpunct bey E entstanden ist.

Man hat bemerkt, daß der magnetische Mittelpunct
eines solchen Stücks anfänglich allezeit näher am Bruche
F steht, mit der Zeit aber mehr gegen die Mitte des
Stücks fortrückt.   Der ursprüngliche Mittelpunct C im
Stücke AF rückt nach dem Bruche ebenfalls weiter gegen
die Mitte desselben.

Diesen Versuch kann man folgendergestalt abändern.
Man zerbreche einen stählernen Stab 6 Zoll lang, und
⅛ Zoll dick, der sehr stark gehärtet ist, in zwey ungleiche
Stücke, lege dieselben an einander, und presse sie so zusammen, daß sie halten, als ob der Stab noch ganz
wäre.   In diesem Zustande mache man den Stab durch
Anhalten zweener sehr starken Magnete an seinen beyden
Enden magnetisch; so wird man bey der Untersuchung an
demselben zween Pole an seinen beyden Enden, und einen
magnetischen Mittelpunct in der Mitte finden;   nimmt
man aber beyde Stücken von einander, so wird ein jedes
zween Pole und seinen eignen magnetischen Mittelpunct
haben.

Was wir hier von künstlichen Magneten gesagt haben, das hat man auch bey natürlichen und solchen, welche mehr als zween Pole haben, wahr befunden;   kurz
wenn ein Magnet in mehrere Stücken zerbrochen wird, so
ist jedes Stück ein vollständiger Magnet von wenigstens
zween Polen und einem Mittelpuncte;   man hat auch nie
ein Stück eines Magnets aufweisen können, welches nur
eine Polarität allein gehabt hätte.

Siebenter Versuch.

Den Ort des magnetischen Mittelpuncts in einem Magnete zu ändern.

Eben diejenigen Mittel, welche den Uebergang der magnetischen Kraft aus einem Theile eines eisenartigen Körpers in den andern Theil erleichtern, besitzen auch das Vermögen, in Magneten, welche den magnetischen Mittelpunct nicht genau in ihrer Mitte haben, diesen Punct aus seiner Stelle zu verschieben und der Mitte näher zu bringen. Daher kann man dieses auf vielerley Art bewirken, z. B. durch wiederholtes Schlagen, durch Erhitzen, durch Feilen u. s. w. Da aber alle diese Mittel gemeiniglich auch den Magnetismus schwächen, so muß man sie nur in sofern gebrauchen, als es unumgänglich nöthig ist, den magnetischen Mittelpunct um ein merkliches von seiner ursprünglichen Stelle zu entfernen.

Fünftes Capitel.

Vom mitgetheilten Magnetismus, oder von den Methoden, künstliche Magnete zu machen.

Erster Versuch.

Einem Stück Eisen den Magnetismus aus der Erde mitzutheilen.

Man nehme einen Stab von weichem Eisen, etwa 2—3 Fuß lang, und zwischen ½ und 2 Zoll dick, und stelle denselben aufrecht. *) Dann setze man eine

*) Wenn dieser Versuch gehörig angestellt werden soll, so muß der eiserne Stab in die magnetische Linie d. i. in die Richtung der Inclinations-Nadel gestellt werden. Da aber wenig Liebhaber mit Inclinations-Nadeln versehen sind, und

Magnetnadel auf eine Spitze, nehme die letztere in die
Hand, und bringe die Nadel gegen die verschiedenen
Stellen der Stange von oben bis unten, so wird man
finden, daß in unsern Ländern die untere Hälfte der
Stange eine nördliche Polarität hat, welche den Nordpol der Nadel zurückstößt und den Südpol derselben anzieht, dagegen die obere Hälfte eine südliche Polarität besitzt, welche den Südpol der Nadel zurückstößt und den
Nordpol anzieht. An den beyden Enden der Stange ist
die Anziehung am stärksten, sie nimmt ab, je weiter man
von denselben hinwegkömmt, und verschwindet gänzlich
um die Mitte der Stange, wo kein Pol der Nadel stärker als der andere angezogen wird. Kurz, in dieser Lage
ist die eiserne Stange eben sowohl ein Magnet, als ein
Stück Eisen, welches in dem Wirkungskreise eines Magnets stehet. *)

Kehrt man die Stange um, so wird dasjenige Ende,
welches vorhin, da es oben stand, der Südpol war, jetzt
der Nordpol, und das andere Ende nunmehr der Südpol.

In den südlichen Welttheilen wird das untere Ende
der Stange der Südpol; oder, um bestimmter zu reden,
wenn an irgend einem Orte der Erde die Stange in die
magnetische Linie gestellt wird, so erhalten die Enden derselben diejenigen Polaritäten, welche mit den nächsten
Polen der Erdkugel übereinkommen.

doch viele wünschen werden, diesen merkwürdigen Versuch
anzustellen, so wird es genug seyn, wenn diejenigen, welche
unter einer über 40° betragenden nördlichen oder südlichen
Breite wohnen, den Stab aufrecht stellen; diejenigen aber,
welche näher, als um 40° Breite, am Aequator wohnen,
müssen ihn horizontal stellen.

*) Wenn die eiserne Stange nicht allzukurz ist, so wird sie
außer dieser Wirkung auf die Nadel, auch kleine Stückgen
Eisen, Feilspäne u. dergl. anziehen, wenn sie ihren Enden genähert werden.

Zweyter Versuch,

Den aus der Erde mitgetheilten Magnetismus in einer eisernen Stange zu fixiren.

Das weiche Eisen nimmt zwar den stärksten Grad von magnetischer Kraft in der kürzesten Zeit an, es verliert aber denselben auch eben so geschwind wieder. Wird daher der vorige Versuch mit einem Stabe von weichem Eisen angestellt, so ist der aus der Erde mitgetheilte Magnetismus nicht bleibend und dauerhaft. Macht man aber die Stange glühend, und läßt sie in der magnetischen Linie abkühlen; oder hämmert man sie stark, indem sie in der magnetischen Linie steht, so erhält sie dadurch einigen Grad von bleibendem Magnetismus, der sich aber doch auch bald wieder verliert, wenn man die Stange eine Zeitlang in einer unbequemen Stellung stehen läßt, oder sie umkehret und aufs neue hämmert.

Ist das Eisen etwas härter, so hält der mitgetheilte Magnetismus weit länger aus; doch wird auch mehr Zeit oder eine länger anhaltende Operation erfordert, um das Eisen magnetisch zu machen.

Die anhaltende Wirkung eines schwachen Magnets auf einen eisenartigen Körper strebt immerfort, den Magnetismus dieses Körpers zu verstärken. Daher werden eiserne Stangen, wenn man sie eine beträchtliche Zeitlang in der Richtung der magnetischen Linie läßt, von Zeit zu Zeit stärker magnetisch, und ihre Kraft wird dadurch immer dauerhafter.

Die Ursache, warum das Eisen durch langes Stehen, Hämmern u. s. w. einen bleibenden Magnetismus aus der Erde erhält, obgleich durch bloßes Stehen auf kurze Zeit gar keine bleibende Kraft mitgetheilt wird, scheint in der ungleichförmigen Structur des Eisens zu liegen. Man setze z. B. ein Stück Eisen bestehe aus harten und weichen Theilen, oder aus solchen, durch welche sich die magnetische Kraft sehr leicht, und aus andern, durch welche sie sich sehr langsam bewegt, so werden die Theile der erstern Art den Magnetismus aus der Erde zuerst erhalten, aber auch sehr leicht verlieren; durch Ausharren in derselben Stellung aber, oder durch Erweichung u. dergl. werden die harten Theile nach und nach den Magnetismus von jenen annehmen, und, wenn sie ihn einmal bekommen haben, auf längere Zeit behalten. Außerdem ist es auch sehr wahrscheinlich, und unter gewissen Umständen wirklich erwiesen, daß gewisse Sorten Eisen härter werden, wenn sie der Atmosphäre eine Zeitlang ausgesetzt bleiben.

Dritter Versuch.

Durch eine eiserne Stange, welche durch die Erde magnetisch gemacht wird, einem eisenartigen Körper einen bleibenden Magnetismus mitzutheilen.

Die einfachste Methode, diese Wirkung hervorzubringen, wird in den philosophischen Transactionen von **Arnold Marcel** *) beschrieben. Es wird nicht überflüssig seyn, einen Theil dieser Beschreibung hier einzurücken, da sie die erste bekannt gewordene Methode dieser Art enthält.

„Im Jahre 1726, sagt er, machte ich einige weitere Beobachtungen über die magnetische Kraft, die ich „in großen Stücken Eisen fand, und gebrauchte dazu einen großen eisernen Block von 90 Pfund Gewicht, an „welchen ich einen kleinen Ambos von 12 Pfund Gewicht „befestigte. Auf die glatte Oberfläche dieses Amboßes „legte ich den Stahl, dem ich die Kraft mittheilen wollte, „in der Richtung von Norden gegen Süden, welche Richtung gerade auf eine Diagonale der viereckigten Oberfläche des Amboses fiel. Hierauf nahm ich ein Stück

*) Philos. Trans. N. 423.

„Eisen, einen Zoll ins Gevierte und 33 Zoll lang, von et-
„wa 8 Pfund Gewicht, welches an dem einen Ende die
„hier (Taf. II. Fig. 12.) abgebildete Gestalt hatte, auch
„bey A glatt polirt, am andern Ende aber zugespitzt war.
„Ich hielt das Stück Stahl auf dem Ambos mit der ei-
„nen Hand fest, die eben gedachte eiserne Stange aber
„druckte ich mit der andern Hand perpendiculär mit dem
„Ende A auf den Stahl nieder, und strich denselben da-
„mit gegen mich zu von Norden gegen Süden mehrere
„male, wobey ich die Stange allezeit in genugsamer Ent-
„fernung von dem Stahle wieder zurück führte, um die
„magnetische Kraft nicht wieder herauszuziehen. Nach
„10 bis 12 solchen Strichen wendete ich den Stahl um,
„daß die obere Seite unten lag, das ganze Stück aber
„in der Richtung von Norden nach Süden blieb, und so
„setzte ich das Streichen und Umwenden so lang fort, bis
„der Stahl etwa 400mal war gestrichen worden. Hie-
„durch bekam er nach und nach immer mehr und endlich
„so viel Kraft als wenn er mit einem starken Magnete wä-
„re bestrichen worden. Wenn der Stahl frey aufgehan-
„gen ward, so kehrte sich die Stelle, wo ich zu streichen
„angefangen hatte, allezeit gegen Norden, und die, wo
„der Strich aufgehört hatte, gegen Süden. Bisweilen
„bekam der Stahl schon nach wenigen Strichen die magne-
„tische Kraft; ja einer kleinen Nadel kann man sogar
„auf den ersten Strich einen guten Theil Kraft geben.
„Auf diese Art habe ich Nadeln zu Seecompassen, die
„aus einem Stücke Stahl gemacht waren, so stark ma-
„gnetisiret, daß der eine Pol $\frac{1}{3}$ und der andere eine ganze
„Unze Eisen zog: obgleich diese Nadeln mit Leinöl bestri-
„chen waren, um sie vor dem Rosten zu bewahren, so behiel-
„ten sie doch ihre Kraft; aber um sie noch mehr zu ver-
„stärken, strich ich sie wechselsweise zuerst auf der rechten
„und dann auf der linken Seite.

„Auf eben diese Art machte ich eine Messerspitze so
„stark magnetisch, daß sie $1\frac{3}{4}$ Unzen Eisen zog.

„Ich magnetisirte auch vier kleine Stücken Stahl,
„jedes 1 Zoll lang und $\frac{1}{12}$ Zoll breit, welche so dünn als
„eine Uhrfeder waren. Diese vier Stücken legte ich
„zusammen, und machte gleichsam einen künstlichen Ma-
„gnet daraus, welcher 18 Gran Troygewicht wog, und einen
„eisernen Nagel von 144 Gran Troygewicht aufhob und
„hielt. Dieser künstliche Magnet ist nunmehr sechs
„Jahre lang herumgeworfen worden, und hat zwischen
„anderm Eisen und Stahl in allerley Richtungen gelegen;
„er hat aber dennoch an Kraft eher gewonnen als ver-
„lohren.

„Wenn man die magnetische Kraft auf solche Art
„in Eisen oder Stahl gebracht hat, so habe ich ferner be-
„merkt, daß das Ende, wo man die Striche angefangen
„hat, sich nach Norden, und das, wo die Striche sich
„geendiget haben, nach Süden kehret, in welcher Rich-
„tung auch der Stahl auf dem Ambos mag gelegt wor-
„den seyn. Ich strich ein Stück Stahl von einem Ende
„an bis in die Mitte, und dann vom andern Ende bis in
„die Mitte, und fand, daß es zween Nordpole, einen an
„jedem Ende, und einen Südpol in der Mitte bekom-
„men hatte.

„Ein anderes Stück strich ich von der Mitte aus
„gegen beyde Enden zu, und fand, daß es an jedem Ende
„einen Südpol und in der Mitte einen Nordpol hatte.‟

Eine sehr leichte Methode, ein kleines Stück weichen Stahl magnetisch zu machen, ist folgende: — Man
nehme zwo eiserne Stangen, etwa 1 Zoll ins Gevierte,
und über 3 Schuh lang, und stelle sie in die magnetische
Linie, oder auch in unsern Ländern perpendiculär, wie man
Taf. II. Fig. 13. siehet. Alsdann befestige man entweder
das Stück Stahl CB an den Rand des Tisches, oder lasse
es durch einen Gehülfen halten; bringe das untere Ende
des Stabs AB und das obere des Stabs CD, beyde an
eben dieselbe Seite und in die Mitte des Stahls, und

streiche den Stahl damit von der Mitte an gegen die Enden so, daß das Ende des Stabs CD von der Mitte des Stahls gegen das Ende C, und zugleich das Ende des Stabs AB von der Mitte des Stahls gegen das Ende B, geführt wird. Wenn aber die Stäbe bis an die gedachten Enden gekommen sind, so ziehe man sie von dem Stahle ab, und bringe sie wieder in die Mitte u. s. f. Hat man nun den Stahl auf diese Art auf jeder Seite etwa 40 bis 50 mal gestrichen, so wird er dadurch einen ziemlichen Grad von Magnetismus erhalten haben.

Wenn man bey diesem Versuche die eisernen Stäbe, wenn sie bis an die Enden des Stahls gekommen sind, wieder an der Oberfläche des Stahls hin bis in die Mitte zurückzöge, so würde die Absicht nicht erreicht werden; denn die magnetische Kraft, welche durch Reiben des Stahls nach einer gewissen Richtung mitgetheilt wird, wird durch das Zurückstreichen wieder hinweg genommen.

Vierter Versuch.

Künstliche Magnete nach der Methode des Herrn Canton *) zu verfertigen.

Man lasse sechs Stäbe von weichem Stahl verfertigen, welche etwa 3 Zoll lang, $\frac{1}{4}$ Zoll breit und $\frac{1}{20}$ Zoll dick sind. Auch lasse man noch sechs andere Stäbe von ganz hartem Stahl bereiten, die ungefähr 6 Zoll lang, $\frac{1}{2}$ Zoll breit und $\frac{1}{8}$ Zoll dick sind. Zu jedem Satze von Stäben muß man auch zwey Stücken von weichem Eisen haben, welche Unterlagen oder Leiter heissen, und beyde zusammen einem Stabe des Satzes, zu dem sie gehören, gleich sind. An jedem dieser zwölf Stäbe wird das eine Ende, welches der Nordpol werden soll, mit einer Linie bezeichnet. Auch muß man einen schon lang gebrauchten eisernen Stab und eine Feuerzange bereit halten.

*) Philos. Transact. von den Jahren 1751 und 1752.

Man stelle den Stab fast aufrecht, oder vielmehr
in die magnetische Linie, mit der Spitze unterwärts gekehrt, und lasse einen von den weichen stählernen Stäben
mit einem Faden an seine Mitte binden, so daß er das bezeichnete Ende unterwärts kehret; dann streiche man mit
dem untern Ende der Zange, welche ebenfalls aufrecht oder in
der magnetischen Linie gehalten wird, den stählernen Stab
etwa 10mal von dem bezeichneten Ende an aufwärts, auf
beyden Seiten, wodurch er schon Kraft genug bekommen
wird, einen kleinen Schlüssel zu halten. Auf diese Art
magnetisire man vier von den kleinen Stäben.

Hierauf lege man die beyden übrigen kleinen Stäbe auf
einen Tisch, parallel mit einander und etwa ½ Zoll von einander entfernt, stelle ihre eisernen Leiter AB und CD, Taf.
II. Fig. 14, daran, und kehre dabey das bezeichnete Ende
des einen Stabs auf die eine, das am andern Stabe auf die
andere Seite. Nunmehr stelle man die vier bereits magnetisch gemachten Stäbe so, wie Fig. 15. zeigt, nemlich zween
davon mit den Nordpolen, und zween mit den Südpolen
unterwärts. Jedes Paar davon muß sich an den Breiten berühren, und beyde Paare müssen mit den obern Theilen an
einander stoßen; damit sie nur einen kleinen spitzigen Winkel zwischen sich offen lassen, wird etwas hartes J dazwischen
gestellt. Dieser aus vier Stäben zusammengesetzte Magnet wird mit seiner Oefnung mitten auf den einen weichen
Stab AC gestellt, so daß sich die Südpole H gegen das
bezeichnete Ende des Stabs AC, und die Nordpole F gegen das andere Ende kehren. In dieser Stellung wird
der zusammengesetzte Magnet auf dem Stabe von einem
Ende zum andern geführt; wenn nemlich die Pole H
nach C kommen, führt man den zusammengesetzten Magnet wieder zurück, bis die Pole F nach A kommen u. s. f.
So bestreicht man den liegenden Stab viermal, und en-
digt in der Mitte, hebt alsdann den zusammengesetzten
Magnet auf, und bringt ihn auf die Mitte des andern

liegenden Stabs BD, so daß die Südpole, wie vorhin,
gegen das bezeichnete Ende zu stehen kommen, bestreich
diesen Stab auf gleiche Art; kehr dann die Stäbe AC,
BD um, daß die untern Seiten heraufkommen, und wie
derhol das ganze Verfahren auch auf diesen Seiten.
Hierauf nimmt man die zween Stäbe AC, BD hinweg,
macht sie nunmehr zu den innern Stäben im zusammengesetzten Magnete; legt dagegen diejenigen, welche zuvor
die äussern im zusammengesetzten Magnete waren, auf
den Tisch zwischen die Unterlagen oder Leiter, und bestreicht sie auf die vorher beschriebene Art mit dem aus
den vier übrigen Stäben zusammen gesetzten Magnete.
Dieses Verfahren wird so lange fortgesetzt, bis jeder von
den sechs Stäben vier bis fünfmal bestrichen worden ist,
wodurch sie denn alle einen beträchtlichen Grad von magnetischer Kraft erhalten.

Wenn die kleinern Stäbe auf diese Art magnetisch gemacht worden sind, und man nun auch den größern den Magnetismus mittheilen will, so lege man zween davon zwischen ihren beyden Leitern auf den Tisch, auf eben die Art
und mit eben der Vorsicht, wie bey den kleinen; und mache
einen zusammengesetzten Magnet aus allen sechs kleinen
Stäben, indem man deren drey mit den Nordpolen, und
drey mit den Südpolen unterwärts kehret. Diese beyden
Sätze stelle man, wie es zuvor mit den vieren geschahe,
unter einem spitzigen Winkel zusammen, so daß das nördliche Ende des einen Satzes mit dem südlichen des andern
in Berührung kömmt. Mit diesem zusammengesetzten
Magnete bestreiche man vier von den großen Stäben einen nach dem andern, ohngefähr zwanzigmal auf jeder
Seite, wodurch sie einige magnetische Kraft erhalten
werden.

Wenn man auf diese Art vier große Stäbe magnetisirt hat, so lege man die kleinen auf die Seite, und ver-
stärke die großen nun durch sich selbst, auf eben die Art,
wie es zuvor bey den kleinen geschahe.

Bey manchen Arten von Stahl werden wenige
Striche schon hinreichen, ihnen alle die Kraft mitzutheilen,
die sie zu behalten fähig sind; andere Sorten erfordern
eine längere Operation; und bisweilen ist es unmöglich,
ihnen mehr als einen nur gerade merklichen Grad von
Magnetismus zu geben.

Um das Verfahren zu erleichtern, muß man die
Stäbe in Rinnen oder zwischen messingene Stifte legen;
sonst bringt sie die Anziehung und das Reiben beständig
aus der gehörigen Lage, wenn sie bloß zwischen den Leitern
ohne weitere Befestigung auf dem Tische liegen.

Die Gründe und Ursachen des hier beschriebenen
Verfahrens bey der Bereitung künstlicher Magnete wird
sich der Leser leicht aus dem vorher vorgetragenen erklären können.

Fünfter Versuch.

Die magnetische Kraft vermittelst zweener Magnetstäbe mitzutheilen.

Man wird zwar leicht übersehen, daß bey der Mittheilung des Magnetismus durch zween Magnetstäbe das
Verfahren fast eben so, wie beym vorhergehenden Versuche, ausfallen müsse; da es aber sehr bequem ist, nur
zween Stäbe zu gebrauchen, und da die Bemerkungen,
die sich hierüber machen lassen, auch auf andere Methoden, den Magnetismus mitzutheilen, anwendbar sind, so
habe ich es für besser gehalten, davon insbesondere zu
reden.

Um also einem stählernen Stabe, der Nadel eines
Compasses u. dgl. die magnetische Kraft mitzutheilen, lege
man den Stab oder die Nadel AB, Taf. II. Fig. 16. auf
einen Tisch, stelle die beyden Magnetstäbe CD, EF, aufrecht auf AB, in einer geringen, aber gleich großen Ent-

fernung von der Mitte dieſes Stabs, und ſo, daß der
Südpol D des einen Stabs am nächſten an dasjenige Ende A komme, welches ein Nordpol werden ſoll. Man
verſchiebe hierauf beyde Stäbe nach und nach gegen das
eine Ende, wobey ſie aber immer in einerley Entfernung
von einander bleiben müſſen. Sobald einer davon, z. B.
CD, nach A kömmt, führe man beyde wieder zurück, bis
EF nach B kömmt; und ſo beſtreiche man den Stab AB
mehr oder weniger mal, bis man durch Verſuche findet,
daß er eine beträchtliche Kraft erhalten habe. Sind die
Magnetſtäbe ſtark, der Stab AB aber von ſehr gutem
Stahl und nicht ſehr groß, ſo ſind zwölf Striche vollkommen hinreichend. Wenn man die Magnetſtäbe von AB
wegnehmen will, ſo muß man ſie vorher an eben die Stelle bringen, wo ſie zuerſt aufgeſetzt wurden, nemlich in geringe und gleichgroße Entfernungen von der Mitte des
Stabs AB, und dann kann man ſie hinwegnehmen.

Man kann bey dieſem Verfahren die Wirkung der
Stäbe auf verſchiedene Art verſtärken, welches ſogar nothwendig wird, wenn AB im Verhältniſſe ſehr groß iſt, und
die größte mögliche Kraft erhalten ſoll. Das erſte Mittel dazu iſt dieſes, daß man die Magnetſtäbe an den obern
Enten mit einander verbindet, und damit ſie nicht zuſammen fallen, etwas Holz oder einen andern Körper, nur
kein Eiſen, dazwiſchen ſtellet, wie bey Fig. 17., denn ſo
werden die obern einander berührenden Pole beyder Stäbe
ſich wechſelſeitig verſtärken, mithin werden auch die untern Pole verſtärkt werden. Zweytens kann man auch
den Stab, welcher magnetiſch gemacht werden ſoll, zwiſchen zween Stäbe von weichem Eiſen oder zwiſchen
zween Magnete leget, wie bey Fig. 17, oder auch, wie
beym vorhergehenden Verſuche. Drittens kann man
auch nach der Methode des Herrn Aepinus die Magnet
ſtäbe auf die entgegengeſetzte Art, wie bey Fig. 18. incli-
niren, ſo daß CD und EF mit AB einen Winkel von etwa 5
machen.

K

Eben so kann man auch den Stab AB durch einen armirten Magnet, wie bey Fig 19, oder durch einen, der die Gestalt eines Hufeisens hat, wie bey Fig. 20, magnetisch machen, wenn man beyde Pole des Magnets mit dem Stabe in Berührung bringt.

Bey allen diesen Methoden muß der zu magnetisirende Stab auf beyden Seiten gestrichen werden; und, um den magnetischen Mittelpunkt gerade in die Mitte zu bringen, muß man der einen Hälfte gerade eben so viel Striche geben, als der andern.

Wenn ein stählerner Stab, oder überhaupt ein Stück einer eisenartigen Substanz durch zween Stäbe magnetisch gemacht wird, oder wenn zween magnetische Pole zugleich, wie bey diesem und dem vorhergehenden Versuche, daran gebracht werden, so nennt man das Verfahren insgemein den doppelten Strich (*double touch*) zum Unterschied vom einfachen Striche (*single touch*), wobey nur ein magnetischer Pol gebraucht wird.

Sechster Versuch.

Krummen stählernen Stäben die magnetische Kraft mitzutheilen.

Sehr oft giebt man den Magnetstäben die Gestalt eines Halbkreises oder eines Hufeisens, um beyde Pole in einerley Ebne zu bringen. Diese Stäbe werden eben so, wie die geraden, magnetisirt, nur dieses ausgenommen, daß man bey Führung der dazu gebrauchten Magnetstäbe der Krümmung des stählernen Stabs folgen muß. Soll man z. B. den Stahl ABC Taf. II. Fig. 20. magnetisch machen, so lege man ihn flach auf den Tisch, bringe die Magnete DF und EG an seine Enden, und verbinde deren Enden F und G mit dem Leiter von weichem Eisen FG. Dann bringe man die Magnetstäbe H und J an die Mitte des Stücks ABC, und bestreiche das-

selbe damit so, daß man von einem Ende zum andern immer der Richtung des gebogenen Stahls oder der Tan-
gente seiner Krümmung folgt, damit z. B. auf der einen
Seite die Magnetstäbe in die punktirte Richtung LK
kommen.   Hat man dem Stahle auf diese Art eine hin-
reichende Anzahl Striche auf der einen Seite gegeben, so
wende man ihn um, und wiederhole die Operation auf
der andern Seite so lange, bis er genug magnetische Kraft
erhalten hat.

Auch bey diesem Verfahren muß man die Regeln
beobachten, welche schon bey der Methode, gerade Stäbe
zu magnetisiren, angegeben worden sind, d. i. die Magnete
DF und EG sowohl, als H und J müssen so gestellt werden, daß ihre Südpole gegen dasjenige Ende des Stahls,
welches der Nordpol werden soll, und ihre Nordpole gegen
das andere Ende kommen.   Die Magnete J, H müssen
anfänglich auf die Mitte des Hufeisens gesetzt, und nicht
anders weggenommen werden, als wenn sie über den einen Schenkel desselben eben so vielmal als über den andern, hinweggezogen worden sind, damit der magnetische
Mittelpunkt gerade in die Mitte des Hufeisens falle.

Siebenter Versuch.

Durch Anbringung eines einzigen magnetischen Pols den Magnetismus mitzutheilen.

Wenn jemand nur einen einzigen Magnetstab oder
eine Terrelle hat, womit er einer Nadel oder einem andern Stabe die magnetische Kraft geben will, so ist weiter
kein Mittel dazu übrig, als daß er einen Pol der Terrelle
oder des Magnetstabs AB, Taf. II. Fig. 22., an das eine
Ende C der Nadel bringe und längst ihrer Oberfläche fort-
ziehe, bis er das andere Ende D erreicht.   Hierauf muß
er den Magnet entfernen, von neuem bey C ansetzen und
ihn wieder, wie vorher, über die Nadel führen.   Ist die

Nadel auf diese Art einigemal bestrichen worden, so wird sie einen ziemlichen Grad von magnetischer Kraft erhalten.

Man muß hieben bemerken, daß das Ende der Nadel, welches der Pol des Magnets zuletzt berührt hat, die entgegengesetzte Polarität erhält. So wird in gegenwärtigem Beyspiele, wenn B der Nordpol des Magnets ist, das Ende der Nadel D die südliche Polarität, das andere Ende C aber die nördliche erhalten.

Es ist offenbar, daß nach dem ersten Striche, wenn der Magnet wieder bey C angesetzt wird, dieses Ende, welches die nördliche Polarität erhalten hatte, dieselbe durch die Berührung mit dem Nordpole des Magnets B wieder verlieren muß. Es scheint also zwar, als ob jeer Strich dasjenige wieder aufhebe, was der vorhergehende bewirkt hat; indessen lehrt doch die Erfahrung, daß durch wiederholtes Streichen die Kraft verstärkt wird, obgleich diese Methode bey weitem nicht so vortheilhaft ist, als wenn man mehrere magnetische Pole gebraucht. Man muß sich daher ihrer nicht anders, als im Nothfalle, und wenn man nur einen einzigen Magnetstab, oder eine Terrelle hat, bedienen.

Achter Versuch.

Nachtheile aus unrechtem Gebrauche der Magnete von verschiedener Stärke und des nicht gehörig gehärteten Stahls.

Man theile einem stählernen Stabe vermittelst eines gegebnen Magnets die magnetische Kraft mit, und untersuche die Stärke derselben: hierauf nehme man einen schwächern Magnet, und bestreiche damit den stählernen Stab wiederum in eben derselben Richtung, wie vorher, auch mit eben demselben Pole, kurz, man wiederhole alle als das vorige Verfahren. — Man sollte nun vermuthen, die magnetische Kraft des stählernen Stabes noch mehr verstärkt zu sehen; man wird sie aber im Gegentheil vermindert und nicht stärker finden, als sie seyn würde, wenn der Stab bloß mit dem zweyten schwächern Magnet allein wäre bestrichen worden.

Zu diesem Versuche ist es erforderlich, daß der zweyte Magnet nicht nur schwächer, als der erste, sondern auch noch zu schwach seyn muß, um den Stahl bis zum Sättigungspunkte, d. i. so stark, als es der letztere werden kann, magnetisch zu machen; sonst würde der Unterschied zwischen den Wirkungen beyder Magnete unmerklich seyn.

Man sieht also, daß es bey der Mittheilung des Magnetismus vortheilhaft ist, die schwächen Magnete zuerst und die stärkern hernach zu gebrauchen, dahingegen das umgekehrte Verfahren nachtheilig ist.

In Absicht auf die Härte des Stahls, welcher zu künstlichen Magneten gebraucht wird, ist zu bemerken, daß weicher Stahl oder Eisen nicht nur die magnetische Kraft sehr leicht verliert, sondern auch geneigt ist, mehr als zween Pole zu bekommen. Dieses läßt sich auf folgende Weise bestätigen. Man nehme zween Dräthe, etwa 14 Zoll lang und ⅛ Zoll im Durchmesser, den einen von ganz hartem, den andern von weichem Stahl, oder von Eisen, das jedoch nicht ganz von der weichsten Sorte seyn muß, und mache sie beyde, einen nach dem andern, mit Magnetstäben durch ein völlig gleiches Verfahren magnetisch; so wird man in den meisten Fällen finden, daß der von hartem Stahl nur zween magnetische Pole, einen an jedem Ende, der andere aber mehr als zween Pole erhalten hat.

Neunter Versuch.

Natürliche Magnete zu verbessern.

Eben die Mittel, durch welche man stählerne Stäbe magnetisch machen oder ihre Kraft verstärken kann, lassen

sich auch anwenden, um die Kraft eines schwachen natürlichen Magnets zu verstärken, oder gewisse Eisenerze magnetisch zu machen. Da aber die natürlichen Magnete gewöhnlich sehr kurz sind, so kann man selten etwas mehr
thun, als sie zwischen zween starke Magnetstäbe stellen.
Haben sie aber länge genug, so muß man sie auch noch
überdies mit andern Magnetstäben bestreichen, eben so
und nach eben den Regeln, welche wir bey den Methoden
der Verfertigung künstlicher Magnete vorgetragen haben.

Bey diesem Verfahren ist es allemal dienlich, von
den natürlichen Magneten die Armatur, mit der sie gemeiniglich versehen sind, abzunehmen.

Sechstes Capitel.

Gebrauch der magnetischen Instrumente.

Die magnetischen Werkzeuge lassen sich füglich auf
drey, nemlich die Magnetstäbe, den Compaß und die Inclinationsnadel bringen. Von den Magnetstäben insbesondere ist nichts weiter zu sagen nöthig, da wir ihren
Gebrauch zur Mittheilung des Magnetismus an andere
Körper und zur Entdeckung der Gegenwart des Eisens in
verschiedenen Substanzen bereits hinlänglich untersucht
haben.

Auch wird man schwerlich eine weitere Erklärung
über den Gebrauch des einfachen Compasses erwarten;
denn da die Absicht dieses Instruments dahin geht, daß
es sich allezeit in die nemliche Stellung setzet, so dient es
die Richtungen nach verschiedenen Orten anzugeben, besonders wo man keinen andern festen Gegenstand hat, der
den Beobachter leiten kann. Nur dieses einzige würde
noch zu bemerken seyn, daß auf dem Meere, wenn das
Schiff sehr stark beweget wird, und folglich die Windrose
im Compasse nicht stehen bleibt, der beste Weg, die wahre
Richtung des Schiffs zu bestimmen, dieser ist, daß man

zwischen den äussersten Grenzen der Vibrationen der Nadel ein Mittel nimmt. Gesetzt z. B. die Rose vibrire so, daß ihr Nord- und ihr Ostpunkt die äussersten Grenzen der Schwingungen ausmachen, und wechselsweise mit der am Gehäuse bezeichneten Linie coincidiren, so wird die wahre Richtung des Schiffs N. O. seyn, oder doch nicht weit davon abweichen.

Da aber die Magnetnadel selten den wahren Nord- und Südpunkt zeigt, so kann man die Weltgegenden nicht genau durch den Compaß finden, wenn nicht die Abweichung der Nadel bestimmt ist. Diese kann man nun auf dem festen Lande vermittelst eines nach dem Meridiane des Orts gestellten Compasses leicht finden; um sie aber auf der See zu bestimmen, ist eine Beobachtung eines Gestirns und einige Rechnung nöthig. Ich will hier die zu diesem Verfahren gehörigen Regeln hinzufügen, aber mich bloß mit der Anführung derselben begnügen, da es für dieses Werk allzuweitläuftig seyn würde, die astronomischen und mathematischen Gründe derselben auseinander zu setzen.

Erklärungen.

Die **wahre Morgen-** oder **Abendweite** (amplitude) eines Gestirns ist der Bogen des Horizonts, welcher zwischen dem Ost- oder Westpunkte, und dem Auf- oder Untergangspunkte dieses Gestirns oder seines Mittelpunkts enthalten ist.

Bey der Sonne nimmt man Vormittags die Morgen- und Nachmittags die Abendweite; und rechnet die Größe derselben vom Ost- oder Westpunkte gegen Mitternacht oder Mittag. Geht z. B. die Sonne zween Grad nordwärts vom Abendpunkte unter; so sagt man ihre Abendweite sey 2° nördlich.

Das **wahre Azimuth** eines Gestirns ist der Bogen des Horizonts, welcher zwischen dem Mitternachts-

oder Mittagspunkte und demjenigen Punkte enthalten ist, wo eine durch das Zenith und das Gestirn gehende Ebne den Horizont schneidet.

Das Azimuth der Sonne wird Vormittags ostwärts und Nachmittags westwärts gerechnet.

Man pflegt es vom Mittags- oder vom Mitternachtspunkte aus zurechnen, je nachdem es näher an den einen oder an den andern dieser Punkte fällt. Findet man z. B. aus der Beobachtung, daß die Ebne durch das Zenith und den Stern den Horizont gerade mitten zwischen Osten und Süden schneidet, so sagt man, des Sterns Azimuth sey 45° ostwärts vom Mittagspunkte.

Die **magnetische Morgen-** oder **Abendweite** eines Gestirns ist das, was die Linie nach dem Gestirn, wenn es im Horizonte ist, auf dem Compaß angiebt.

Das **magnetische Azimuth** ist dasjenige, was die Linie nach dem Gestirn, wenn es über dem Horizonte ist, auf dem Compaß angiebt.

Die **Abweichung** findet man, wenn man die wahren und die magnetischen Morgen- oder Abendweiten und Azimuthe mit einander vergleicht.

Erste Aufgabe.

Auf der See die magnetische Morgen- oder Abendweite eines Gestirns mit dem Azimuthalcompaß zu beobachten.

Man stelle den Compaß an einen festen Ort, von welchem man den Horizont deutlich übersehen kann, visire durch die Dioptern desselben, und wende das Instrument so lange, bis man durch die enge Spalte der einen Diopter den Mittelpunkt der Sonne oder ein anderes Gestirn genau hinter dem Faden sieht, welcher über die Mitte der Oeffnung in der andern Diopter gespannt ist, wenn man der Mittelpunkt des Gestirns, es mag auf oder untergehen, gerade im Horizonte ist, so drücke man auf den an der Seite des Gehäuses befindlichen Stift, damit die Rose stehen bleibe, und sehe dann nach, welcher Grad der Rose gerade nach der im Gehäuse bezeichneten Hauptlinie stehet: dieser Grad ist die gesuchte Morgen- oder Abendweite.

Man muß bey diesem Verfahren auch auf die Höhe des Auges über der Meeresfläche einige Rücksicht nehmen.

Zweyte Aufgabe.

Auf der See den magnetischen Azimuth eines Gestirns mit dem Azimuthalcompaß zu beobachten.

Man stelle das Instrument, wie bey voriger Aufgabe, an einem schicklichen Platze auf, visire durch die enge Spalte der einen Diopter, und drehe das Gehäuse so lange um, bis der Mittelpunkt des Gestirns, wenn es über dem Horizonte steht, mit dem Faden in der Oeffnung der andern Diopter coincidiret, oder, wenn man die Sonne beobachtet, bis der Schatten dieses Fadens genau auf die am Gehäuse bemerkte Hauptlinie fällt. In diesem Augenblicke lasse man die Rose stehen, und sehe, wie vorhin, nach dem Grade, welcher das gesuchte Azimuth ist.

Wenn das Schiff in starker Bewegung ist, so läßt sich diese, so wie auch die vorhergehende Beobachtung, am besten durch zwo Personen, auf folgende Art anstellen. Die eine Person visiret durch die Dioptern und drehet den Compaß, bis der Mittelpunkt der Sonne mit dem Faden coincidiret, giebt sich auch, soviel möglich, Mühe diese Coincidenz, des Schwankens ungeachtet, zu bemerken und zu erhalten. In dem Augenblicke, da sie bemerkt wird, welcher Zeitpunkt durch ein Wort oder ein anderes Zeichen angegeben werden muß, sieht die andere Person nach dem Grade der Rose, welcher gegen die Hauptlinie im

Gehäuse gekehrt ist. Oscillirt die Rose zu sehr, so muß der Beobachter zwischen den äußersten Grenzen der Schwingungen das Mittel nehmen, wie wir schon zu Anfang dieses Capitels erwähnt haben.

In eben dem Augenblicke, in welchem das magnetische Azimuth eines Gestirns beobachtet wird, muß auch zugleich die Höhe desselben mit einem Sextanten genommen werden.

Dritte Aufgabe.

Aus der gegebenen Polhöhe des Beobachtungsorts und der Abweichung eines Gestirns, die wahre Morgen- oder Abendweite desselben zu finden.

Hiezu dient folgende Proportion: Wie sich der Cosinus der Polhöhe verhält zum Sinus totus, so verhält sich der Sinus der Abweichung zum Cosinus der Morgen- oder Abendweite. Da die drey ersten Glieder dieser Proportion bekannt sind, so kann das vierte, welches die Morgen- oder Abendweite giebt, durch die gewöhnliche Regel Detri gefunden werden, welche Rechnung aber mit Hülfe der logarithmischen Tafeln folgender Gestalt verrichtet wird.

Man addirt den Logarithmen des Sinus der Abweichung zum Logarithmen des Sinus totus, und zieht von der Summe den Logarithmen des Cosinus der Polhöhe ab. Es sey z. B. unter der nördlichen Breite (oder Polhöhe) von 38° 25', die Abweichung der Sonne 18° 59', und man verlange die Morgenweite zu wissen.

$$
\begin{array}{lll}
\text{Log. sin. } 18° 59' & = & 9,51227 \\
\text{Log. sin. tot.} & = & 10,00000 \\
\hline
\text{Summe} & = & 19,51227 \\
\text{Log. cos. } 38° 25' & = & 9,89405 \\
\hline
\text{Rest} & = & 9,61822
\end{array}
$$

welches der Logarithme des Cosinus von 24° 32′ ist.
Dies ist die gesuchte Morgenweite, und gleichartig mit
der gegebnen Abweichung, d. i. nördlich, wenn die Abweichung, wie im gegenwärtigen Beyspiele, nördlich,
südlich, wenn die letztere südlich ist.

Vierte Aufgabe.

Aus der gegebnen Polhöhe des Beobachtungsorts, der Abweichung eines Gestirns, und der Höhe desselben, sein
wahres Azimuth zu finden.

Sind die Abweichung und die Polhöhe beyde nördlich, oder beyde südlich, so nenne man die Ergänzung
der Abweichung A, ist aber die eine südlich, die andere
nördlich, so setze man zur Abweichung 90° hinzu, und
nenne die Summe A.

Den Unterschied zwischen den Ergänzungen der Polhöhe und der Höhe des Gestirns nenne man B.

Weiter nenne man die halbe Summe von A und B,
D, und ihre halbe Differenz C.

Hierauf addire man folgende vier Logarithmen. Das
arithmetische Complement *) des Logarithmen vom Cosinus der Polhöhe, das arithmetische Complement des Logarithmen, vom Cosinus der Höhe, den Logarithmen des Sinus
von D, und den Logarithmen des Sinus von C.

Von der Summe dieser vier Logarithmen nehme
man die Hälfte, diese ist der Logarithme des Sinus von
der Hälfte des verlangten Azimuths.

Z. B. Unter 40° 38′ nördlicher Breite war die
Sonnenhöhe Nachmittags 20° 46′; und die Abweichung
der Sonne 17° 10′ südlich; man sucht das Azimuth der
Sonne für diese Zeit. So ist

*) Unter dem arithmetischen Complemente eines Logarith-
men versteht man das, was zurück bleibt, wenn man ihn
von 1,00000 oder dem Logarithmen des Sinus totus ab-
ziehet. A. d. Ueb.

Abweichung + 90°   = 107° 10′ = A
Ergänzung der Höhe   = 69 14
Ergänzung der Breite   = 49 22
     Unterschied   = 19 52 = B
Halbe Summe v. A u. B = 63 31 = D
Halbe Differenz v. A u. B = 43 39 = C
Arithm. Compl. vom Log. des Cos. der Breite = 0,11982
Arithm. Compl. vom Log. des Cos. der Höhe = 0,02917
Log. des Sinus von D   = 9,95185
Log. des Sinus von C   = 9,83901
Summe dieser vier Logarithmen   = 19,93985

Die Hälfte hievon ist 9,96992, der Logarithm des Sinus von 38° 55′. Das doppelte hievon oder 77° 50′ ist das gesuchte Azimuth der Sonne vom Mitternachtspuncte aus gerechnet.

Fünfte Aufgabe.

Aus den gegebnen wahren und magnetischen Morgen- oder Abendweiten, oder Azimuthen eines Gestirns die Abweichung der Magnetnadel für Zeit und Ort der Beobachtung zu finden.

Man rechne die gegebnen Weiten so, wie die Azimuthe, alle vom Mitternachtspuncte aus, welches geschieht, wenn man sie von 90° abzieht, wofern die Weite vom Ost- oder Westpuncte nordwärts liegt, oder wenn man sie zu 90° hinzusetzt, wofern sie von diesen Puncten südwärts liegt; alsdann ist die magnetische Weite entweder kleiner, oder größer, als die wahre.

Wenn die magnetische Weite kleiner ist, als die wahre, und beyde auf einerley Seite des Nordpuncts liegen, so giebt ihr Unterschied die Abweichung der Nadel, welche alsdann vom Nordpuncte aus auf die entgegengesetzte Seite fällt; liegen aber beyde auf verschiedenen Seigen des Nordpuncts, so giebt ihre Summe die Abweichung, welche alsdann auf einerley Seite mit der wahren Weite fällt.

Wenn die magnetische Weite größer, als die wahre ist, und beyde auf einerley Seite des Nordpuncts liegen, so giebt ihr Unterschied die Abweichung der Nadel, welche alsdann auf eben dieselbe Seite fällt; liegen sie aber auf verschiedenen Seiten, so giebt ihre Summe die Abweichung, und diese liegt alsdann auf einerley Seite mit der wahren Weite. Wäre z. B. die magnetische Weite 80° ostwärts, und die wahre 82° nach eben derselben Seite, so wäre die Abweichung 2° westlich; wäre hingegen die magnetische Weite 76° ostwärts, und die wahre 5° westwärts, so würde die Abweichung 81° westlich seyn.

Was hier von den Morgen- und Abendweiten gesagt worden ist, gilt auch von den Azimuthen, wenn die Abweichung aus ihnen gefunden werden soll.

Sechste Aufgabe.
Die Inclination der Magnetnadel zu beobachten.

Hiezu ist nichts weiter erforderlich, als daß man die Inclinationsnadel in den magnetischen Meridian stelle, welcher durch einen guten Compaß bestimmt werden muß, wobey jedoch beyde Instrumente in genugsame Entfernung von einander zu stellen sind. Bisweilen ist auch das Gestell der Inclinationsnadel mit zwo Dioptern an einem Zeiger versehen, der sich horizontal bewegt, wodurch man nach einem entfernten Gegenstande, dessen Lage in Absicht auf die Weltgegenden bekannt ist, visiren kann, wenn man die Nadel in den magnetischen Meridian stellen will. Man darf alsdann die Nadel nur so richten, daß ihre Verticalebne mit dem Zeiger oder mit der Richtung nach dem entfernten Gegenstande den erforderlichen Winkel macht, welchen ein unter dem Zeiger befindlicher getheilter Kreis angiebt.

Um den Fehlern, welche aus dem Mangel des Gleichgewichts entstehen können, einigermaßen vorzubeugen, werden gemeiniglich die Pole der Inclinationsnadel durch Magnetstäbe umgekehrt; so daß sich beyde Enden derselben, eines nach dem andern, neigen müssen, und man nimmt zuletzt ein Mittel aus den beyden oder aus den mehrern Beobachtungen.

Die gröste Unvollkommenheit der Inclinationsnadel ist diese, daß der Magnetismus der Erde nach den verschiedenen Graden ihrer Neigung und ihrer mehrern oder mindern magnetischen Kraft so verschiedentlich auf sie wirkt. Diese Eigenschaft, welche auf den ersten Blick sonderbar scheint, wird durch folgende Erklärung sehr leicht begreiflich werden.

Es sey AB, Taf. II. Fig. 23. die Inclinationsnadel, der Kreis EF stelle das eine Ende ihrer Axe vor, deren unterer Theil F auf der Unterlage CD ruht; EF sey die Linie durch den Mittelpunct der Nadel, welche sie in zween gleichgroße Theile theilt. Offenbar muste die Nadel, ehe sie einigen Magnetismus erhielt, wofern sie nur eine gleichförmige Gestalt hatte und die Axe genau cylindrisch und in der Mitte der Nadel war, in jeder Stellung die man ihr gab, stehen bleiben, weil die aus dem Puncte, wo die Axe EF die Unterlage CD berührt, aufgerichtete Perpendicularlinie allezeit durch den Mittelpunct der Nadel geht, und dieselbe in zween gleiche und ähnliche Theile theilt; so daß die Nadel in jedem Grade der Reigung vollkommen im Gleichgewichte stehen muste. Man wird aber hiebey bemerken, daß ungeachtet dieses vollkommnen Gleichgewichts dennoch, wenn die Nadel, wie bey Fig. 24. in einer schiefen Lage steht, derjenige Theil GA, welcher über dem Unterstützungspuncte G steht, länger ist, als der Theil GB, der sich unter diesem Puncte befindet. Dieser Unterschied wird immer größer, je größer die Reigung wird, weil die Axe der Nadel keine mathematische Linie, sondern ein Körper von einem gewissen

Durchmesser ist; daß also, wenn die Nadel senkrecht
steht, der Theil über der Unterlage gerade um den Durchmesser der Axe länger wird, als der andere Theil. Ist
nun die Nadel, wie bey Fig. 24, geneigt, und man
stellt sich vor, daß zwo gleiche und ähnliche Kräfte an ihren beyden Enden A und B wirken, so ist offenbar, daß
die Kraft bey A mehr Moment haben, und stärker auf
die Bewegung der Nadel wirken muß, als die bey B,
weil GA ein längerer Hebel, als GB, ist. Diese Ungleichheit der Wirkung wächst mit der Neigung; und ist
am grösten, wenn die Nadel senkrecht steht.

Es findet aber eine solche Wirkung zwoer Kräfte
statt, sobald die Nadel magnetisch gemacht ist; denn da
die gröste Anziehung und die gröste Repulsion zwischen
den magnetischen Polen der Erde und den Polen der Nadel
an den Enden A und B statt hat, so entsteht daraus die
erwähnte Ungleichheit, und muß daher mit der Neigung selbst
und mit dem Grade der Stärke der magnetischen Kraft
wachsen.

Man hat, um dieser Ungleichheit abzuhelfen, verschiedene Mittel vorgeschlagen; keines aber hat noch bisher die Absicht ganz erfüllt, und mehrentheils entstehen aus
ihrer Anwendung noch mehrere neue Unvollkommenheiten.

Siebentes Capitel.

Vermischte Versuche.

Erster Versuch.

Das magnetische Paradoxon.

Auf den Tisch AB, Taf. II. Fig. 25., lege man ein
Stückchen Eisendrath, nicht über $\frac{1}{10}$ Zoll lang. Man
lasse den Magnetstab EF etwa 4 bis 5 Zoll hoch über dem

Höhe so halten, daß er den einen Pol unterwärts kehret, und daß die Perpendicularlinie von diesem Pole auf den Tisch den Punct G trift, welcher 2 — 3 Zoll von dem Drathe absteht. Diese Distanzen sind inzwischen manchen Abänderungen unterworfen, welche sich nach der Stärke des Magnets richten.

Durch die Wirkung des Magnets wird der Eisendrath mit einem Ende in die Höhe gehoben, wie man bey CD sieht, und macht mit dem Tische einen spitzigen Winkel, welcher besto größer wird, je näher der Drath dem Puncte G kömmt, in welchem er völlig aufrecht stehen würde.

Wenn man bey dieser Stellung des Draths sanft auf den Tisch klopft, so wird der Drath nach und nach gegen G zu gehen, indem er bey jedem Klopfen in die Höhe hüpft und ein wenig fortrückt. Die Ursache hievon wird auch der flüchtigste Beobachter sogleich der Anziehung zwischen dem Magnet und dem Eisendrath zuschreiben, welche nicht stark genug ist, den Drath vom Tische zu erheben, aber gerade genug Kraft hat, ihn ein wenig näher nach G zu ziehen, wenn er durch die Bewegung des Tisches in die Höhe gehoben wird.

Bis hieher hat der Versuch nichts außerordentliches; wenn man ihn aber mit der Veränderung wiederholet, daß der Magnet nicht über den Tisch, sondern unter denselben, wie bey HJ, gehalten wird, so ist der Erfolg dieser, daß der Drath, welcher nunmehr nach G zu einen stumpfen Winkel mit dem Tische macht, wie bey KL, beym Klopfen auf den Tisch sich nach und nach von G entfernet, gerade als ob ihn der Magnet zurückstieße. Hievon hat der Versuch den Namen des magnetischen Paradoxon erhalten; denn in der That zieht der Magnet den Drath an.

Es rührt aber diese Erscheinung davon her, daß die richtende Kraft des Magnets auf eine größere Entfernung wirkt, als die anziehende Kraft, wie wir bereits im ach-

ten Capitel des ersten Theils von diesem Werke bemerkt
haben.

Um sich nun diese Erscheinung genau zu erklären,
muß man bedenken, daß der Drath KL, Taf. II. Fig. 26.
wenn er durch die Wirkung des Magnets H magnetisch
wird, sich nach den oberwähnten Gesetzen der Inclinationsnadel gegen denselben neiget. Wegen seiner Schwere
aber, und weil er nicht in seinem Mittelpuncte, sondern
an dem auf dem Tische ruhenden Ende K getragen wird,
kann er sich nicht so stark neigen, als er thun würde, wenn
er frey an seinem Mittelpuncte aufgehangen wäre; es
steht also das Ende K ein wenig höher, als es sollte. Es
sey MN die Perpendicularlinie durch den Mittelpunct des
Draths. Wenn nun durch die Bewegung des Tisches
der Drath aufspringt, so nimmt er in der Luft seine gehörige Neigung, wie bey rQ, an, indem sein Mittelpunct
in eben der Perpendicularlinie MN bleibt; weil die richtende Kraft des Magnets H auf eine größere Entfernung
wirkt, als die Anziehung. In dieser Stellung muß nun
offenbar die Perpendicularlinie PO, welche von dem untern Ende r des Draths auf den Tisch fällt, den letztern
in einem Puncte treffen, welcher von G weiter abliegt,
als K; und da der Drath nach dem Aufspringen unter seiner gehörigen Neigung, d. i. parallel mit rQ wieder auf
den Tisch zurückfällt, so folgt, daß sein unteres Ende den
Tisch nunmehr bey O treffen muß: und so wird jeder Stoß
ihn etwas weiter von dem gerade über dem Magnete H
liegenden Puncte G entfernen.

Wenn man eben diese Erklärung auf den ersten Theil
des Versuchs anwendet, so wird man finden, daß in diesem Falle, wenn nemlich der Magnet über den Tisch gehalten wird, der Drath dem Puncte G immer näher kommen muß.

Man kann diesen Versuch dadurch abändern, daß
man Eisenfeile statt des Draths nimmt; im ersten Falle
werden sich die auf dem Tische zerstreuten Feilspäne nach

und nach um den Punct G sammlen; im letztern hingegen werden sich die um G liegenden Späne nach und nach von diesem Puncte entfernen.

Zweyter Versuch.

Natürliche und künstliche Magnete zu armiren.

Wenn ein natürlicher Magnet armirt werden soll, so muß man vor allem andern seine Pole suchen. Hierauf gebe man ihm die gehörige Gestalt, d. i. entweder die Form einer Terrelle, oder die gewöhnlichere eines Parallelepipedums, in welchem letztern Falle man dafür sorgen muß, daß die Pole auf die Mitte zwoer entgegengesetzten Flächen fallen, deren Abstand von einander die Länge oder größte Dimension des Magnets ausmacht. Denn man hat sehr oft gefunden, daß natürliche Magnete mehr geschwächt werden, wenn man einen Theil ihrer Länge nach der Richtung von einem Pole zum andern abschneidet, d. i. wenn man ihre magnetische Are verkürzt, als wenn man sie nach andern Richtungen zertheilet.

Wenn man dem Magnet die gehörige Gestalt gegeben hat, so lasse man zwo Platten von weichem Eisen verfertigen, welche eben so breit sind, als die Flächen, an denen sich die Pole befinden, an der einen Seite des Steines aber ein wenig hervorragen, wie man Taf. I. Fig. 1. sehen kann. Diese hervorragenden Theile D, D aber müssen schmäler seyn, als die Breite der Platten. Bey Magneten, welche weniger, als eine Unze wiegen, dürfen die untern Flächen der hervorragenden Theile, an welche das Eisen F angebracht wird, nicht größer, als etwa $\frac{1}{10}$ Zoll, seyn; und für größere Magnete ist $\frac{1}{4}$ bis $\frac{1}{2}$ Zoll hinreichend.

Die Dicke der Platten CD, CD, muß im Verhältniß mit der Stärke des Magnets stehen; es giebt nemlich für jeden Magnet eine gewisse Größe, welche die schicklichste ist, so daß die Dicke der Platten mit Vortheile weder größer noch kleiner, als diese Größe, gemacht werden kann. Man kann dies nicht leicht anders, als durch wirkliche Proben bestimmen; daher ist es am besten, die Platten zuerst sehr stark zu machen, dann aber ein wenig abzufeilen, und dabey immer die Kraft des Magnets zu untersuchen; denn diese wird bis auf einen gewissen Grad wachsen, bey welchem man aufhören muß, weiter etwas abzufeilen.

Es ist gleichgültig, ob die Armatur angebunden, oder ob sie durch ein Gehäuse von Holz oder Metall befestiget wird; da aber ein Gehäuse dauerhafter ist, so hat man wohl diesem den Vorzug zu geben, und man kann es von jedem Metall, nur nicht von Eisen oder Stahl, machen.

Ist der Magnet kugelförmig, so müssen die Stücken Eisen zur Armatur nach der Gestalt der Oberfläche gekrümmt werden, und jedes muß ohngefähr den vierten Theil derselben bedecken.

Was wir hier von den natürlichen Magneten gesagt haben, ist auch auf die künstlichen anwendbar. Man kann z. B. mehrere Magnetstäbe mit einander verbinden, und so armiren, daß sie einen sehr starken **zusammengesetzten Magnet** ausmachen.

Die Armatur verstärkt die Kraft des Magnets aus eben der Ursache, aus welcher ein an den Magnet gehangnes Stück Eisen sein Vermögen zu vergrößern strebt.

Wenn die künstlichen Magnete die Gestalt eines Hufeisens oder eines Halbkreises haben, so bedürfen sie keiner Armatur; es ist genug, sie entweder durch Schnüre oder durch eine Capsel mit einander zu verbinden; man kann auch aus geraden Stäben zusammengesetzte Magnete ohne Armatur machen; weil aber alsdann die beyden magnetischen Pole nicht in einerley Ebne wirken, so ist es besser, zween solche zusammengesetzte Magnete zu haben, damit man andern Körpern den Magnetismus bequemer mittheilen könne. *)

Dritter Versuch.

Einer Nadel den Magnetismus durch die Elektricität mitzutheilen.

Man lege eine kleine Nähnadel oder ein Stück Stahldrath auf einen Tisch, und verbinde das eine Ende davon durch einen Drath mit der äußern Seite einer geladnen elektrischen Flasche oder einer Batterie **) Das andere Ende der Nadel hingegen verbinde man durch einen andern Drath mit dem einen Arme des gewöhnlichen Ausladers; bringe alsdann den andern Knopf des Ausladers in Berührung mit dem Knopfe der Flasche oder der Batterie, so daß diese entladen wird, und der Schlag durch die Nadel gehet, wodurch denn diese magnetisch wird, oder auch ihre Pole umgekehrt werden, u. s. w. den Umständen gemäß, welche im ersten Theile dieses Werks sind angeführt worden.

*) Durch dieses Mittel hatte der verstorbene Dr. Gowin Knight zween sehr starke künstliche Magnete oder vielmehr Magazine von Magnetstäben gemacht, welche sich nunmehr in der Sammlung der königlichen Societät befinden. Jedes dieser Magazine besteht aus 240 Stäben, welche in vier Sätze geordnet sind, so daß sie ein Parallelepipedum ausmachen, wovon jede Seite 64 Stäbe enthält. Alle diese Stäbe sind mit eisernen Klammern verbunden, und das Ganze hängt in Zapfen auf einem besondern hölzernen Gestell, so daß man es leicht in jede erforderliche Stellung bringen kann. Mehr von diesen magnetischen Magazinen sehe man in den Philos. Trans. Vol. LXVI. S. 591.

**) Diese Flasche oder Batterie muß wenigstens zween Quadratfuß belegte Fläche haben; dies hängt aber von der Größe der Nadel ab. Man s. hierüber die Schriften von der Elektricität, bey den Erklärungen der elektrischen Werkzeuge.

Vierter Versuch.

Zu zeigen, daß die magnetische Kraft eine gewisse Zeit braucht, um ein Stück Eisen zu durchdringen.

Man stelle ein voluminöses Stück Eisen, z. B. ein dickes Stück von etwa 40 bis 50 Pfund Gewicht seitwärts neben den einen Pol einer Magnetnadel, so daß diese dadurch ein wenig aus ihrer Richtung gezogen wird. Alsdann bringe man den einen Pol eines starken Magnets an das entfernteste Ende des Eisens, und man wird finden, daß es einige Zeit, nemlich einige Secunden lang, dauert, ehe die Nadel davon bewegt wird. Diese Zeit ist verschieden und richtet sich nach der Größe des Eisens und nach der Stärke des Magnets.

Fünfter Versuch.

Natürliche Magnete nachzuahmen.

Man nehme etwas Eisenmohr, oder was man leichter haben kann, man mache aus dem Hammerschlage, welcher vom glühenden Eisen beym Schmieden abgeht, und den man häufig in den Werkstätten der Schmiede antrift, ein sehr feines Pulver. Dieses vermische man mit trocknendem Leinöl zu einem derben Teige, und drücke denselben in eine Form, damit er die erforderliche Gestalt, z. B. einer Terrelle, eines Menschenkopfs, oder dergl. annehme. Stellt man ihn alsdann einige Wochen lang an einen warmen Ort, so trocknet er und wird sehr hart. Man kann ihn alsdann durch gehörige Anwendung eines starken Magnets magnetisch machen, und er wird einen beträchtlichen Grad von Kraft annehmen. *)

*) Der verstorbene Dr. John Fothergill giebt im 66sten Bande der Philos. Transact. S. 595., Nachricht von Dr. Knight's magnetischem Magazine, und erwähnt dabey folgenden merkwürdigen Umstand, welcher sich jedoch meiner

Sechster Versuch.

Die magnetische Kraft eines Draths durch Beugen zu schwächen oder aufzuheben.

Man theile einem eisernen oder einem weichen Stahldrathe, der etwa 4 — 5 Zoll lang und $\frac{1}{16}$ Zoll dick ist, die magnetische Kraft mit, und rolle ihn dann um ein dünnes Stäbchen, so daß er etwa vier bis fünf Windungen darum macht. Wenn man ihn dann wieder abwindet und gerade auszieht, so wird man mehrentheils finden, daß die magnetische Kraft durch das Beugen ganz aufgehoben, oder doch beträchtlich geschwächt worden ist.

Die Wirkung bleibt eben dieselbe, wenn gleich der Drath kürzer oder länger ist, sie findet statt, wenn er nur

Meinung nach zum Theil auf einen Irrthum oder ein Mißverständniß gründen muß. »Mir ist nicht bekannt, sagt er, »daß Dr. Knight eine Beschreibung von einer Composition »zu künstlichen Magneten hinterlassen habe. Ich habe aber »nebst mehrern seiner Freunde eine solche Composition bey ihm »gesehen, welche die magnetische Kraft weit fester an sich be- »hielt, als die wirklichen Magnetsteine oder Magnetstäbe, »so gut diese gehärtet seyn mochten. An den natürlichen »Magneten und an den härtesten Stäben konnte er die Pole »in einem Augenblicke umkehren; an der Composition aber »blieben sie unbeweglich. Er hatte einige kleine Stücken von »derselben, welche viel magnetische Kraft besaßen. Das »größte war etwa $\frac{1}{2}$ Zoll breit, etwas weniges länger, und $\frac{1}{4}$ »Zoll dick. Es war nicht armirt, aber die Enden waren »stark magnetisch, und die Pole konnten nicht verändert wer- »den, ob er es gleich zwischen zween seiner stärksten Stäbe »stellte. Die Masse war nicht sonderlich schwer, und hatte »sehr das Ansehen von Bley; nur war sie nicht so glänzend. »Ich glaube, er hat diese Composition nicht bekannt gemacht, »einst aber sagte er mir, so viel ich mich erinnere, sie bestehe »aus Eisenfeile, die durch langes Abreiben mit Wasser in ein »ganz unfühlbares Pulver verwandelt, und dann mit einer »klebrigen Materie vermischt werde, um ihr die gehörige Con- »sistenz zu geben.«

eine einzige völlige Windung um den Stab macht, wel=
ches offenbar von der veränderten Spannung oder Lage der
Theile des Draths herrührt. Dies erhellet aus folgender
Bemerkung. Wenn der Drath so elastisch ist, daß er
nach dem Umwinden um den Stab, wenn man ihn frey
läst, von selbst in die gerade Linie zurück springt, so wird
sein Magnetismus gar nicht oder nur wenig vermindert,
daß also, um die obengedachte Wirkung hervorzubringen,
eine Spannung der Theile des Draths unumgänglich
nothwendig ist.

Wird der Drath blos in der Mitte gebogen, daß
die Enden gerade bleiben, so wird die magnetische Kraft
selten aufgehoben oder auch nur vermindert.

Wird ein magnetischer Drath der Länge nach ge=
trennt oder gespalten, so haben die Theile bisweilen die
entgegengesetzten, bisweilen aber auch eben dieselben Pole,
wie im Ganzen. Ist ein Theil viel dünner als der an=
dere, so hat derselbe mehrentheils umgekehrte Pole.

Vierter Theil.
Neue magnetische Versuche.

Da ich im vorigen alles, was in Absicht auf den Magnetismus mit Gewißheit bestimmt worden ist, und die Versuche, welche zum Beweise der magnetischen Gesetze nothwendig schienen, angeführt habe, so will ich nunmehr in aller Kürze von meinen eignen Versuchen über den Magnetismus diejenigen anführen, welche mit einem dem Anscheine nach nützlichen Erfolge begleitet worden sind, wobey ich in jedem Capitel diejenigen zusammenstellen werde, welche ihrer Natur nach unter einander verbunden sind, ohne auf die Ordnung der Zeit zu sehen, in welcher ich sie angestellt habe, und mit Weglassung aller fruchtlos abgelaufenen Proben, wie auch solcher Plane und Muthmaßungen, welche sich durch die Erfahrung nicht wirklich bestätiget haben.

Erstes Capitel.

Beschreibung einer neuen Art der Aufhängung der Magnetnadel, vornehmlich um geringe Grade der Anziehung zu bestimmen; nebst einigen Bemerkungen über den Gebrauch des Quecksilbers.

Ehe ich meine Versuche über den Magnetismus des Messings und des Eisens in seinen verschiedenen Zuständen erzähle, will ich vorher die Magnetnadel beschreiben, deren ich mich gewöhnlich bey diesen Versuchen bedient habe, und welche auf eine besondere Art aufgehangen ist. Es ist dies eine sehr einfache und zugleich sehr freye Art der Aufhängung.

Da die Erfahrung lehret, daß große Magnetnadeln nicht tauglich zu Versuchen sind, bey welchen ein sehr

geringer Grad von Magnetismus bestimmt werden soll,
und da die freye Bewegung der gewöhnlichen kleinen Nadeln verhältnißmäßig durch die Art sie aufzuhängen, selbst
im Fall man dabey Agathütchen gebraucht, mehr gestöret
wird, so suchte ich eine solche Art von Aufhängung zu
finden, welche den Zweck besser, als die gewöhnliche er-
füllte; und nahm endlich dazu nach verschiedenen Proben
eine Kette von Pferdehaar, die etwa aus fünf bis sechs
Gelenken bestand und an welche ich die Nadel hing. Jedes Glied hat ohngefähr ⅛ Zoll im Durchmesser, und die
Enden jedes Stückgens Haar, woraus ein Ring gebildet
wird, sind mit einem Knoten zusammen gebunden, und
mit ein wenig Siegellack befestiget. Das oberste Glied
dieser Kette wird an einen Stift in einem eignen Gestelle
oder sonst mit irgend einer Unterstützung, wie sie zur Hand
ist, gehangen, und an das untere Ende wird ein Stückgen feiner Silberdrath, woran ein Häckgen gebogen ist,
eingehängt. Dieser Drath ist etwa 1½ Zoll lang, und
mit dem untern Ende um ein kleines cylindrisches Stückgen Kork gebunden, durch welches eine magnetisch ge-
machte gewöhnliche Nähnadel horizontal durchgesteckt ist.
So hängt die Magnetnadel an der Haarkette, deren Ge-
lenke wegen der Glätte und Leichtigkeit des Haares sich
sehr frey an einander bewegen, und der Nadel mehr als
eine völlige Umdrehung um ihren Mittelpunct zu machen
gestatten, mit einem so geringen Grade von Reibung,
daß dieselbe beynahe für Nichts zu rechnen ist. Bey Vergleichung dieser Nadel mit andern finde ich sie empfindli-
cher als die besten bisher gewöhnlichen; denn wenn ich
Körper untersuche, welche ausnehmend wenig magnetische Kraft haben, so wird diese Nadel sehr oft von denselben angezogen, wenn sie auf andere gar nicht merklich
wirken.

Um die Feinheit dieser Art der Aufhängung noch
weiter zu prüfen, stellte ich ein Stück Spiegelglas fast
horizontal unter die Nadel, so daß ich darinn das Bild

der letztern sahe. Wenn ich nun vorher auf dem Glase eine feine Linie gezogen, und alles so eingerichtet hatte, daß das Bild der Nadel mit dieser Linie coincidirte, wenn das Auge des Beobachters in einem bestimmten Puncte stand, so suchte ich durch sanftes und stärkeres Stoßen die Nadel aus dem magnetischen Meridiane zu bringen, aber alle diese Versuche waren vergeblich, denn die Nadel setzte sich allezeit wieder in eben dieselbe Richtung, ohne irgend eine merkliche Abweichung.

Man könnte mit einer so aufgehangenen Nadel sehr leicht einen Variationscompaß verfertigen, welcher vielleicht genauer, als die gewöhnlichen, seyn würde. Zu dieser Absicht müßte die Nadel ohngefähr drey Zoll lang seyn, und der Spiegel müßte an den Zeiger eines Hadleyschen Sextanten befestiget werden, den man horizontal unter die Nadel stellte, und die Anfangslinie der Theilung in den Meridian des Orts brächte, um die Abweichung der Nadel zu beobachten. Ich habe mir blos ein grobes Modell eines solchen Variationscompasses gemacht, das aber sehr viel von dem Gebrauche des Instruments zu versprechen schien.

Diese Einrichtung scheint vor der gewöhnlichen viele Vorzüge zu haben. Erstens ist die Nadel cylindrisch und nicht durchbohrt, also weniger der Gefahr ausgesetzt, mehr als zween Pole zu bekommen. Zweytens, da die Nadel dünn ist, so stehen ihre Pole genauer in der Are, welches bey den gewöhnlichen flachen Nadeln selten der Fall ist. Drittens scheint es, wenn man ein wenig nachdenkt, bey dieser Einrichtung nicht nöthig zu seyn, daß der Mittelpunct der Bewegung der Nadel beständig auf einem einzigen unveränderlichen Puncte derselben erhalten werde, welches die Verfertigung derselben zugleich leichter und genauer macht. Endlich, da man den Sextanten sehr tief unter die Nadel stellen, das übrige Gestell aber von jeder beliebigen Größe machen kann, so ist es hieben nicht nöthig, einiges Messing oder anderes Me-

tall so nahe an die Nadel zu bringen, daß es darauf wirken kann, im Fall es einigen Magnetismus, wie das
Messing mehrentheils, besitzet.

Um die magnetische Kraft verschiedener Substanzen
zu untersuchen, habe ich mich außer der eben beschriebenen Nadel, auch der Methode bedienet, die zu untersuchende Substanz auf Wasser zu stellen, indem ich sie nö-
thigenfalls auf flache Stücken Kork befestigte.   Bisweil-
len habe ich sie auch auf Quecksilber gelegt; welche Methode zwar ohne alle Vergleichung feiner, als die übrigen,
aber auch wegen der folgenden Umstände sehr beschwerlich
ist, daher ich mich mehrentheils mit dem Gebrauche der an
einer Haarkette aufgehangenen Nadel befriediget habe.

Ich bemerkte nemlich im Verfolg meiner Versuche,
bey welchen ich mich des Quecksilbers bediente, eine merkwürdige Erscheinung in Absicht auf die Oberfläche dieses
Metalls; daß nemlich die Körper zwar ungemein leicht
auf dem Quecksilber schwimmen, wenn es erst kurz vorher in ein ofnes Gefäß gegossen worden ist, daß aber eine
kurze Zeit darauf, wenn es z. B. eine oder zwo Stunden,
öft noch nicht einmal so lange, in einem ofnen Gefäße gestanden hat, ein Stück Messing oder ein anderer Körper
nicht mehr so frey darauf schwimmt; so daß Körper, welche gleich nach dem ersten Ausgießen des Quecksilbers ins
ofne Gefäß augenscheinlich vom Magnete angezogen wurden, eine Stunde hernach, bey Annäherung desselben sich
nicht im geringsten mehr bewegten,

Das einzige Mittel, das Quecksilber wiederum zu
dieser Absicht geschickt zu machen, war dieses, daß ich es
durch einen papiernen Trichter, wie oben S. 111. beschrieben worden ist, laufen ließ.   Dies habe ich bisweilen in
einer Zeit von zwey Stunden vier bis fünfmal thun müssen.

Es scheint sich auf der Oberfläche des der Luft ausgesetzten Quecksilbers eine Art von Ueberzug zu erzeugen,
welcher zwar auf den ersten Blick unsichtbar ist, aber doch
bemerkt werden kann, wenn man die darauf schwimmen-

den Körper in Bewegung setzt. Wenn man das Quecksilber erst durch den papiernen Trichter gegossen hat, so
scheinen die schwimmenden Körper, wenn man sie bewegt,
gleichsam von selbst fortzugehen: einige Zeit hernach aber
theilen eben diese Körper ihre Bewegung gleichsam dem
Queckilber mit und ziehen es mit sich fort, etwa als ob
man einen Körper bewegte, der auf der Oberfläche eines
eben gerinnenden Liquors schwömme. Ich habe die Entstehung dieses Ueberzugs den unvollkommnen Metallen
zugeschrieben, welche, obgleich in geringen Quantitäten,
dennoch allezeit mit den gemeinen Sorten des Queckilbers
amalgamirt sind; denn da diese Amalgamation die Metalle zu dephlogistisiren strebt, so schwimmen die halb cal-
cinirten Theile oben; und sehr wahrscheinlich erfolgt diese
Dephlogistisirung an der freyen Luft geschwinder. Diese
Muthmaßung wird dadurch bestärkt, daß der Ueberzug
desto weniger entsteht, und die schwimmenden Körper desto geringern Widerstand leiden, je reiner das Queckilber
ist; doch habe ich auch im reinsten Queckilber einigen
Grad von Widerstand gefunden, und möchte fast vermuthen, daß das Phänomen zum Theil von der Feuchtigkeit
und dem unsichtbaren Staube herrühre, welcher sich an
die Oberfläche des der Atmosphäre ausgesetzten Queckilbers anhängt.

Zweytes Capitel.

Untersuchung der magnetischen Eigenschaften des Messings.

Vor einigen Jahren stellte ich verschiedene magnetische
Versuche an, wobey ich mich messingener Geräthe
bedienen muste. Ich untersuchte dabey allemal zuerst, ob
diese messingnen Stücken einige magnetische Kraft hätten,
oder nicht, und legte diejenigen auf die Seite, welche ei-

nen merklichen Grad von dieser Kraft besaßen. Im
Verfolg dieser Versuche erinnere ich mich bemerkt zu haben, daß die Stücken von geschlagnem Messing meistentheils und mehr, als andere, magnetisch waren; daher
ich auch bey diesen Versuchen kein geschlagnes Messing gebrauchte. Vor anderthalb Jahren aber hatte ich Gelegenheit, durch die Arbeiter in einer Werkstätte zu physikali-
schen Instrumenten mehrere Versuche anstellen zu lassen.
Ich trug ihnen auf, sowohl das weiche als das geschlagene
Messing zu probiren, ehe sie es bearbeiteten, und keines
zu brauchen, welches einen merklichen Grad von magnetischer Kraft hätte. Sie fanden, daß geschlagnes Messing, wenn es auch vor dem Schlagen keine magnetische
Kraft gehabt hatte, dennoch nach demselben die Magnetnadel sehr merklich störete. Diese Beobachtungen bewogen mich, folgende Versuche anzustellen.

Erster Versuch.

Ein längliches Stück Messing, welches etwas weniger, als eine halbe Unze wog, ward untersucht, indem jeder Theil seiner Oberfläche gegen die aufgehangene Nadel
gehalten wurde, und gab kein Zeichen von einigem Magnetismus. Hierauf ward es etwa zwey Minuten lang
gehämmert, woraus die Folge entstand, daß es das eine
Ende der Nadel in einer Entfernung von $\frac{1}{4}$ Zoll anzog.
Eben dieses Stück Messing ward nun rothglühend gemacht, und dadurch erweichet. Als es abgekühlt war und
wieder gegen die aufgehangene Nadel gehalten ward, so war
der Magnetismus gänzlich hinweg. Durch das Hämmern ward es wiederum magnetisch: das Erweichen durchs
Glühen nahm den Magnetismus zum zweytenmale hinweg, und so ward derselbe mehrere male wechselsweise
durchs Hämmern hergestellt, und durchs Erweichen wieder hinweggenommen; bisweilen hatte das Messing schon

durch zwey bis drey Schläge einen merklichen Grad von magnetischer Kraft bekommen.

Zweyter Versuch.

Das Resultat des vorigen Versuchs kann ganz natürlich auf die Vermuthung führen, daß sich vom Hammer und Ambos etwas Stahl an das Messing anlege, und dasselbe magnetisch mache; und daß dieser Magnetismus durch das Erweichen des Messings wieder aufgehoben werde, in so fern die daran hängende kleine Quantität Stahl im Feuer calcinirt wird. Dieser Betrachtung zufolge nahm ich andere Stücken Messing, hämmerte sie zwischen Kartenpapier, und wechselte mit dem Papiere, so oft es nöthig war, ab, weil es durch die Hammerschläge sehr leicht zerrissen ward. Das Messing ward aber noch immer durchs Hämmern magnetisch, und das Feuer nahm diesen Magnetismus wieder hinweg.

Bey diesem Versuche habe ich dem Messing gewöhnlich nicht über dreyßig Schläge mit dem Hammer gegeben.

Dritter Versuch.

Weil ich noch immer den Verdacht hegte, daß der Hammer und der Ambos dem Messinge etwas Eisen abgegeben haben könnten, weil doch das Kartenpapier bisweilen auf den ersten oder zweyten Schlag zerrissen war, in welchem Falle doch entweder der Hammer oder der Ambos das Messing berührt hatte, so härtete ich ein Stück Messing zwischen zween großen Steinen, wovon ich den einen als Ambos, den andern als Hammer gebrauchte. Es ward dadurch ebenfalls magnetisch, ob es gleich in diesem Falle nicht so viel Kraft erhalten zu haben schien, als wenn es mit dem Hammer war geschlagen worden; es ist aber auch zu bemerken, daß die Steine rauh und

irregulär geſtaltet waren, und alſo das Metall durch ſie
nicht ſo leicht und gleichförmig gehärtet werden konnte, als
durch andere Mittel.

Die Steine, die ich vor und nach dem Verſuche
unterſuchte, zeigten nicht den mindeſten Grad von Magnetismus.

Vierter Verſuch.

Ein Stück Meſſing, welches durch Hämmern ſo
ſtark magnetiſch gemacht war, daß es einen Pol der Nadel in einer Entfernung von ¼ Zoll anzog, ward, mit einer
beträchtlichen Quantität Kohlenſtaub von allen Seiten
völlig umringt, in den Schmelztiegel gethan. Dieſer
ward mit Leimen verſtrichen, und im Feuer etwa zehn
Minuten lang rothglühend erhalten. Nach dem Abkühl-
len nahm ich das Meſſing heraus, und fand, daß es ſeinen Magnetismus ganz verlohren hatte. Die Abſicht dieſes Verſuchs war, zu beſtimmen, ob der Verluſt des Magnetismus in einem erweichten Stücke Meſſing der Calci-
nation der Eiſentheilchen zuzuſchreiben ſey, welche man,
des vorigen Verſuchs ungeachtet, immer noch am Meſſinge anhängend vermuthen könnte; weil bey dieſer Art
der Erweichung die Eiſentheilchen mit Kohlenſtaub umgeben ſind, und alſo nicht calciniret werden können. Daher würde, wenn die gedachte Vermuthung ſtatt fände,
das Meſſing ſeinen Magnetismus nicht verlieren, welches
aber gegen das Reſultat des Verſuchs iſt.

Fünfter Verſuch.

Eines von denen Stücken Meſſing, welche zu den
vorhergehenden Verſuchen waren gebraucht worden, ward
durch Glühen ſeines Magnetismus beraubt und zwiſchen
zwoen großen und dicken Kupferplatten gehämmert, welche nicht den geringſten Magnetismus zeigten; nach wenigen Schlägen aber ward es merklich magnetiſch.

Sechster Versuch.

Um die Verschiedenheit dieser Eigenschaft bey verschiedenen Sorten von Messing zu untersuchen, stellte ich die Probe mit einer großen Anzahl Stücken von englischen und ausländischen Messing an, worunter einige sehr alt und so fein und gleichförmig waren, daß sie ein geschickter Uhrmacher von meiner Bekanntschaft zu den besten Sorten von Uhrrädern gebrauchte. Ich finde, daß sie meistens die Eigenschaft haben, durchs Hämmern magnetisch zu werden, und durchs Erweichen die Kraft wieder zu verlieren. Inzwischen giebt es doch einige Stücken, welche durchs Hämmern keinen Magnetismus erhalten, ob sie gleich dadurch eben so hart werden, als diejenigen, welche den Magnetismus annehmen. Dennoch bin ich auch bey der aufmerksamsten Untersuchung nicht im Stande gewesen, ohne wirkliche Probe zu unterscheiden, welche Stücken fähig sind, Magnetismus anzunehmen, und welche es nicht sind; weder Farbe, noch äußeres Ansehen der Structur, noch auch der Grad der Geschmeidigkeit geben eine sichere Anzeige.

Siebenter Versuch.

Die vorhergehenden Versuche scheinen deutlich darzuthun, daß ein Magnetismus oder eine Kraft anzuziehen und sich vom Magnete anziehen zu lassen, auch ohne Eisen statt finden könne; man kann aber gegen diese Folgerung doch noch die Einwendung machen, daß das Messing, welches durch Hämmern magnetisch wird, und durchs Erweichen diese Kraft wieder verlieret, etwas weniges Eisen enthalten, und daß dieses die Ursache des Magnetismus seyn könne; daß ferner dieses durch die Substanz des Messings vertheilte Eisen oder Eisenerde durchs Hämmern phlogistisiret werden könne, in so fern das Messing dadurch in einen engern Raum gebracht wird, und vielleicht der Eisenerde etwas von seinem Phlogiston abgeben, und dieselbe dadurch merklich magnetisch machen kann; dahingegen die Wirkung des Feuers beym Erweichen dieses Phlogiston aus der Eisenerde wieder heraustreiben und dem Messing wiedergeben, die erstere also ganz dephlogisticirt bleiben und daher den Magnetismus wieder verlieren kann. Die Bemerkung, daß Eisen leichter als Messing dephlogisticirt oder calcinirt werden kann, giebt diesen Gedanken dem Anscheine nach einiges Gewicht; folgende Versuche aber widerlegen denselben ganz unbezweifelt.

Ich suchte ein Stück Messing aus, welches durchs Hämmern keinen Magnetismus erhielt, legte es mit einer beträchtlichen Menge von Eisensafran, welcher gar nicht auf die Magnetnadel wirkt, auf einen Ambos, hämmerte es und drehte es oft um, damit sich ein Theil des Eisensafrans daran hängen sollte, in der That hatte sich auch der Safran an verschiedenen Stellen so fest in das Messing eingesetzt, daß ich ihn durch starkes Reiben mit einem wollenen Lappen nicht hinwegbringen konnte. Das Messing sahe an diesen Stellen roth aus, es nahm aber doch keine magnetische Kraft an, ob ich gleich noch eine lange Zeit zu hämmern fortfuhr. Das Härten konnte also den Eisenkalk nicht so stark phlogisticiren, daß er auf die Magnetnadel gewirkt hätte.

Achter Versuch.

Um den vorhergehenden Versuch abzuändern, bohrte ich ein Loch, etwa ½ Zoll tief, und wenig über ¼ Zoll im Durchmesser in ein Stück Messing, welches durch Hämmern nicht magnetisch ward, und füllte dasselbe mit Eisensafran. Hierauf hämmerte ich das Messing so, daß es den Eisenkalk ganz umschloß, und brachte es alsdann gegen die aufgehangene Magnetnadel; es zeigte sich aber nicht das geringste Merkmal einer Anziehung. Die Eisenerde hatte also durch das Hämmern kein Phlogiston aus dem Messing angenommen.

M

Neunter Versuch.

Eben dieses Stück Messing ward mit der darinn enthaltenen kleinen Quantität Eisenkalk dem Feuer ausgesetzt und ganz glühend gemacht, auch in diesem Zustande auf drey Minuten lang gelassen. Nach dem Abkühlen ward es gegen die Magnetnadel gebracht; diese aber ward von dem Messing nur an derjenigen Stelle angezogen, worinn der Eisenkalk enthalten war. Die Wirkung des Feuers hatte also die Eisenerde so phlogisticiret, daß dieselbe die Magnetnadel anzog; wenn daher der Magnetismus des Messings von einer darinn enthaltenen eisenartigen Materie herkäme, so müste ein Stück Messing durch das Glühen magnetisch werden, welches aber den vorhergehenden Erfahrungen ganz entgegen ist.

Zehnter Versuch.

Ich bohrte in ein Stück Messing, welches durch Hämmern nicht magnetisch ward, ein Loch, wie das im achten Versuche erwähnte, that etwas schwarzen Eisenkalk hinein, welcher so stark phlogisticirt war, daß ihn der Magnet anzog, und schloß das Loch durch einige wenige Hammerschläge zu. Dem zufolge zog das Messing die Nadel nunmehr bloß an der Stelle an, in welcher der magnetische Kalk enthalten war. Diese Anziehung war sehr schwach. Das so zubereitete Messing ward nun dem Feuer ausgesetzt, und etwa sechs Minuten lang in einer Hitze gelassen, welche wenig geringer war, als die zum Schmelzen des Messings erforderliche. Nach dem Abkühlen brachte ich es gegen die Nadel, in der Erwartung, daß das Feuer den Eisenkalk so stark werde dephlogisticiret haben, daß derselbe nun nicht mehr auf die Nadel wirken werde; aber die Anziehung war noch immer so stark, als vor der Erhitzung.

Es scheint also ausgemacht, daß der Magnetismus, den das Messing durchs Hämmern erhält, nicht von einigem darinn enthaltenen Eisen herrühre; daß also Magnetismus, oder Kraft den Magnet anzuziehen und von ihm angezogen zu werden, auch ohne Eisen statt finden könne.

Eilfter Versuch.

Ich vermischte etwas weniges Eisen durch das Löchrohr mit etwa viermahl so viel Gewicht von solchem Messing, welches durch Hämmern nicht magnetisch ward. Das ganze Kügelchen wog etwa zwey Gran, und zog die Magnetnadel sehr stark an. Ich schmolz hierauf dieses Kügelchen von Messing und Eisen mit etwa 50 Gran Messing von eben der Sorte zusammen. Nach dem Abkühlen fand ich an dem ganzen Klumpen Messing sehr wenig Wirkung auf die Magnetnadel, indem jeder Theil der Oberfläche das eine Ende der aufgehengenen Nadel so anzog, daß es sich gerade nur daran hieng, wenn die Luft recht ruhig war. Dieser schwache und kaum merkliche Grad von Magnetismus ward weder durchs Hämmern verstärkt, noch durchs Erweichen aufgehoben.

Ich glaubte bey diesem Versuche das Eisen mit dem Messing aufs genaueste zusammen geschmolzen und verbunden zu haben; aber einige nachfolgende Proben gaben mir Anlaß zu glauben, daß sich das Eisen vielmehr nur in einigen Gegenden des geschmolzenen Messings aufhalte, als sich gleichförmig durch dessen ganze Substanz verbreite. Diese Vermuthung gründete sich hauptsächlich auf die Untersuchung dieser Stücken von gemischten Metall auf der Oberfläche des Quecksilbers, bey welcher gemeiniglich einige Punkte der Oberfläche stärker, als die übrigen, vom Magnete angezogen wurden.

Ich muß hieben noch bemerken, daß ich bey der Wiederholung der meisten von den vorhergehenden Versuchen, wobey ich aber die Stücken Messing, anstatt sie gegen die Nadel zu bringen, auf Quecksilber legte und den Magnet gegen sie brachte, gefunden habe, daß sehr selten ein Stück Messing vorkömmt, auf welches der Magnet gar nicht wirkte. Wenn es auch schien, als ob eines oder das andere nicht angezogen würde, so war doch dieser Umstand niemals deutlich und entschieden. Es giebt überhaupt wenig Körper in der Natur, die, wenn sie durch dieses Mittel untersucht werden, nicht in einigem Grade vom Magnet angezogen werden; so allgemein ist das Eisen in der Natur verbreitet, oder so stark ist die Verwandschaft der meisten Körper mit dem Magnete.

Auch dasjenige Messing, welches bey den vorhergehenden Versuchen weder im natürlichen Zustande Magnetismus gehabt, noch durchs Hämmern dergleichen erhalten hatte, fand sich jetzt meistentheils magnetisch, wiewohl in so geringem Grade, daß dieses bloß beym Schwimmen auf Quecksilber entdeckt werden konnte. Diejenigen Stücken aber, welche im natürlichen Zustande nicht genug Magnetismus zeigten, um auf die Nadel zu wirken, auch durchs Hämmern keinen erhielten, dennoch aber auf dem Quecksilber schwimmend einige Anziehung gegen den Magnet zeigten, erhielten auch durchs Hämmern niemals, oder doch nur selten, einige Verstärkung dieser Anziehung.

Es wird nunmehr bequem seyn, alle die Bemerkungen, welche sich aus den vorhergehenden und andern Versuchen über die magnetischen Eigenschaften des Messings herleiten lassen, zusammen zu stellen. Sie sind folgende.

1. Das meiste Messing wird durchs Hämmern magnetisch, verliert aber den Magnetismus durchs Glühen oder Erweichen im Feuer wieder; wenigstens wird derselbe dadurch so geschwächt, daß er sich hernach nur alsdann entdecken läßt, wenn das Metall auf Quecksilber schwimmt.

2. Dieser erhaltene Magnetismus kömmt nicht etwa von den Eisen- oder Stahltheilchen her, die das Messing von den zum Hämmern gebrauchten Werkzeugen annehmen kann, oder mit denen es im natürlichen Zustande vermischt ist.

3. Diejenigen Stücken Messing, welche einmal diese Eigenschaft haben, behalten dieselbe ohne Verminderung nach mehrmals wiederholten Versuchen des Hämmerns und Wiedererweichens. Demjenigen Messing aber, das sie nicht von Natur schon hat, habe ich sie durch kein Mittel geben können.

4. Große Stücken haben gemeiniglich etwas mehr magnetische Kraft, als kleinere; und die platten Oberflächen ziehen die Nadel stärker, als die Winkel und Ränder.

5. Wenn nur das eine Ende eines großen Stücks Messing gehämmert wird, so zieht bloß dieses Ende die Nadel an, nicht aber der übrige Theil.

6. Die magnetische Kraft, welche das Messing durchs Hämmern erhält, hat eine gewisse Grenze, über welche hinaus sie durch Hämmern nicht weiter verstärkt werden kann. Diese Grenze ist verschieden, und kömmt auf die Dicke und verschiedene Beschaffenheit des Messings an.

7. Ob es gleich einige Stücken Messing giebt, welche die Eigenschaft, durchs Hämmern magnetisch zu werden, nicht haben, so haben doch alle Stücken von magnetischem Messing, die ich untersucht habe, durchs Glühen ihren Magnetismus verlohren, so daß sie die Nadel nicht weiter anzogen; ausgenommen, wenn Eisen darinn verborgen war; in diesem Falle aber ziehet ein solches Stück Messing, wenn es geglüht hat und abgekühlt ist, die Nadel stärker mit dem einen Theile seiner Oberfläche an, als mit dem übrigen; wenn man es also umkehrt, und nach

und nach alle seine Theile gegen die aufgehangene Magnetnadel bringt, so kann man leicht entdecken, wo das Eisen
verborgen sey.

8. Bey meinen Versuchen über den Magnetismus
des Messings habe ich zweymal folgenden merkwürdigen
Umstand wahrgenommen: — Ein Stück Messing, welches die Eigenschaft hatte, durchs Hämmern magnetisch
zu werden, und durchs Glühen den Magnetismus wieder
zu verlieren, war so lang im Feuer geblieben, daß ein
Theil davon geschmolzen war. Ich fand hierauf, daß es
die Eigenschaft, durchs Hämmern magnetisch zu werden,
verlohren hatte; als ich es aber hernach in einem Schmelztiegel völlig schmolz, so hatte es seine ursprüngliche Eigenschaft wieder angenommen.

9. So habe ich auch öft bemerkt, daß ein anhalten-
des Ausdauren in einem Feuer, das nur wenig geringer
ist, als die Schmelzhitze, die Eigenschaft des Messings,
magnetisch zu werden, gewöhnlich vermindert, und bisweil-
en gänzlich aufhebt. Zugleich wird die Structur des
Metalls beträchtlich verändert, indem es nach dem Aus-
druck der Messingarbeiter faul (rotten) wird. Man sieht
hieraus, daß diese Eigenschaft des Messings vielmehr von
einer besondern Stellung seiner Theile, als von der Beymischung einiges Eisens, herrühren muß; welches auch
dadurch bestätiget wird, daß die holländischen Messing-
platten, welche nicht durch Schmelzung des Kupfers,
sondern durch Umringung desselben mit Galmey, und
Aussetzung an ein heftiges Feuer gemacht werden, ebenfalls diese Eigenschaft besitzen; wenigstens habe ich
sie an allen von mir untersuchten Stücken gefunden.

Aus allen diesen Bemerkungen folgt, daß man das
Messing, wenn es zu Instrumenten, wobey eine Magnetnadel vorkömmt, z. B. Inclinationsnadeln, Variationscompassen u. dgl. gebraucht werden soll, entweder ganz
weich lassen, oder eine solche Sorte aussuchen muß, wel-

che durch Hämmern nicht maghetisch wird; welche Sorten jedoch so häufig eben nicht vorkommen.

Drittes Capitel.

Untersuchung der magnetischen Eigenschaften einiger andern metallischen Substanzen.

Das Resultat meiner Versuche über das Messing bewog mich, auch andere metallische Substanzen, besonders solche, die zu Compositionen gebraucht werden, z. B. Kupfer und Zink, zu untersuchen. Der Erfolg dieser Untersuchungen ist gleichwohl nicht sehr merkwürdig gewesen, außer was die Platina betrifft, deren Eigenschaften mit denen des Messings großentheils übereinkommen.

Ich untersuchte zuerst verschiedene Stücken Kupfer mit der aufgehangenen Magnetnadel, fand sie aber nie magnetisch, bis auf einige an solchen Stellen, welche befeilet waren, und wo die Feile einige Stahltheilchen konnte zurückgelassen haben. Ich hämmerte hierauf einige Stücke, nicht allein auf die gewöhnliche Art, sondern auch zwischen Steinen: allein das Resultat war sehr zweifelhaft; denn ob sie gleich im Ganzen genommen gar nicht auf die Nadel wirkten, so kam es mir doch bisweilen vor, als ob die Nadel von einigen Stücken gehämmerten Kupfers wirklich angezogen würde; aber diese anziehende Kraft war so außerordentlich schwach, daß man nichts gewisses darüber bestimmen konnte.

Der Zink, er mochte nun ungehämmert oder so stark gehämmert seyn, als ohne ihn zu zerbrechen möglich war, that gar keine Wirkung auf die Magnetnadel. Auch eine Mischung von Zink und Zinn wirkte nicht auf dieselbe.

Ein Stück eines zerbrochnen Spiegels aus einem Telescop, welches aus Zinn und Kupfer bestand; eine Mischung von Zinn, Zink und ein wenig Kupfer, Silber, sowohl weich, als gehämmert; reines Gold, sowohl weich als gehämmert; Mischungen von Gold und Silber, sowohl hart als weich; eine Mischung von einem großen Theile Silber, ein wenig Kupfer und einer geringen Quantität Gold, thaten sämmtlich weder vor noch nach dem Hämmern einige Wirkung auf die Magnetnadel.

Der Nickel ist eine metallische Substanz, von welcher man vermuthet hat, daß sie auch ohne beygemischtes Eisen einige Anziehung gegen den Magnet äußere; man hat diese Vermuthung auf die Beobachtung gegründet, daß der Nickel seinen Magnetismus noch immer behält, wenn er gleich zu wiederholten malen gereiniget worden ist. *) Inzwischen haben auch einige Naturkundige den Magnetismus des gereinigten Nickels geläugnet; und ich habe selbst einige Stücken gesehen, welche nicht im geringsten auf die Nadel wirkten. Wahrscheinlich waren diese Stücken nicht reiner Nickel, und enthielten vielleicht einige Beymischung von Kobalt; ich sehe aber auch keinen Grund, warum der mit ein wenig Kobalt vermischte Nickel keine Anziehung gegen den Magnet zeigen sollte, wenn dieses sonst eine wesentliche Eigenschaft des Nickels wäre.

Das Metall, welches ich zuletzt untersuchte, war die Platina, und die Versuche mit derselben scheinen eine besondere Aufmerksamkeit zu verdienen.

Erster Versuch.

Ein großes Stück Platina, welches aus der Auflösung in Königswasser niedergeschlagen, und hernach geschmolzen, oder vielmehr zur Consistenz gebracht worden war, zeigte nicht die geringste Wirkung auf die aufgehangene Magnetnadel. Es ward hierauf gehämmert; aber nach dem dritten oder vierten Schlage brach es in

*) Man s. Kirwans Mineralogie S. 380 u. 409.

mehrere Stücken. Verschiedene derselben zeigten bey der Untersuchung gar keine Anziehung; auch wurde keines der feinsten Theilchen von dem Magnete angezogen, so nahe man es auch demselben brachte. Der Bruch war voller Hölungen, deren einige sehr groß, andere kaum mit dem Auge zu unterscheiden waren; und das ganze Metall schien nur eine sehr unvollkommene Schmelzung erlitten zu haben.

Zweyter Versuch.

Hierauf wurden Körner von gediegener Platina so untersucht, daß ich den Magnet gerade über sie hielt; allein es zog derselbe aus einer halben Unze Platina nicht über zehn bis zwölf Theilchen an; und die angezognen hatten gar nicht das metallische Ansehen der übrigen, und waren außerordentlich klein.

Dritter Versuch.

Ich hatte einige von den größten Platinakörnern ausgesucht, und hielt den Magnet dagegen; allein sie wurden nicht im mindesten von demselben angezogen. Eines von diesen Körnern ward hierauf gehämmert, und durch acht bis neun Schläge in eine fast cirkelrunde Platte von etwa $\frac{1}{10}$ Zoll Durchmesser ausgestreckt; als nunmehr der Magnet dagegen gebracht ward, zog er es in der Entfernung von $\frac{1}{10}$ Zoll an. Die übrigen Körner wurden alle, eines nach dem andern, gehämmert, und dadurch in so weit magnetisch, daß sie vom Magnet angezogen wurden, und die Nadel aus ihrer Richtung brachten. Einige darunter aber erlangten auch gar keinen Magnetismus, ob sie gleich mit Fleiß weit länger, als die übrigen, gehämmert wurden.

Soviel ich bemerken konnte, hatten diejenigen Stücken, welche durchs Hämmern nicht magnetisch wurden,

vor dem Hämmern kein sehr metallisches Ansehen, ob sie
gleich nach demselben kaum von den übrigen konnten unterschieden werden; sie schienen sich auch unter dem Hammer nicht so leicht zu strecken, als die übrigen.

Ueberhaupt sind drey bis vier Schläge hinreichend,
ein Platinakorn merklich magnetisch zu machen; zehn
Schläge aber geben ihm die ganze Kraft, deren es fähig ist.

Vierter Versuch.

Ich legte diejenigen Platinakörner, welche bey dem
vorhergehenden Versuche durchs Hämmern magnetisch geworden wären, auf eine Kohle, und machte sie mit Hülfe
eines Löthrohrs glühend. Als ich sie hierauf an den Magnet und an die aufgehangne Nadel brachte, so zeigten
sie nicht das mindeste Merkmal einer Anziehung mehr.
Das Feuer beraubt sie also, eben sowohl als das Messing,
der durchs Hämmern erlangten Eigenschaft. Ein wiederholtes Hämmern machte sie wieder magnetisch, obgleich nicht so geschwind und in so hohem Grade, wie das
erstemal. Dabey ist jedoch zu bemerken, daß die Plati-
nastücken, da sie schon durch das erste Hämmern flach
und dünn geschlagen waren, durch das zweyte nicht mehr
so leicht gestreckt werden konnten.

Fünfter Versuch.

Wenn die Platinakörner auf Quecksilber schwimmend
mit dem Magnet untersucht wurden, so ward fast ein jedes von denselben in einem geringen Grade angezogen.
Diese Anziehung ward durchs Hämmern ein wenig verstärkt, selbst bey denjenigen Körnern, bey welchen sie niemals so stark wurde, daß sie die Magnetnadel angezogen
hätten.

Wenn es wahr ist, wie diese Versuche außer Zweifel zu setzen scheinen, daß die Kraft, von dem Magnete angezogen zu werden, auch in andern Substanzen, außer dem Eisen, statt finden kann, so folgt hieraus, daß die Anziehung einiger wenigen Theilchen einer unbekannten Substanz vom Magnete kein sicheres Zeichen der Gegenwart des Eisens sey. Man muß daher bey denjenigen Substanzen, von welchen man bisher geglaubt hat, daß sie Eisentheilchen enthalten, weil sie in einigem Grade vom Magnet angezogen werden, die Sache noch immer für zweifelhaft halten, und darf den Schluß auf die Gegenwart des Eisens unter keiner andern Bedingung zulassen, als wenn sich diejenigen Theilchen, welche durch den Magnet von den übrigen abgesondert werden, durch andere Versuche als Eisen beweisen; denn ob es gleich wahr ist, daß das Eisen allezeit vom Magnet angezogen wird, so folgt doch daraus noch nicht, daß alles, was vom Magnet angezogen wird, Eisen sey.

Viertes Capitel.

Versuche und Beobachtungen über die Anziehung zwischen dem Magnet und eisenartigen Substanzen in verschiedenem Zustande

Es ist ein sehr ausgemachter Satz in der Lehre vom Magnet, daß weiches Eisen oder weicher Stahl sehr leicht den Magnetismus annimmt aber auch eben so leicht wieder verliert; daß hingegegen harter Stahl diese Kraft schwer annimmt, nachher aber auch lange Zeit beybehält. Die Betrachtung dieser Eigenschaften leitete mich auf die Vermuthung, daß man vielleicht einen weit stärkern künstlichen Magnet, als auf die gewöhnliche Art, erhalten könnte, wenn man ein Stück Stahl glühend zwischen zween Magnetstäbe stellte, und in dieser Lage plötzlich mit kaltem Wasser überschüttete, und dadurch härtete; weil die Magnetstäbe dem Stahle, wenn er glühete und also weich wäre, sehr viel magnetische Kraft mittheilen würden, und diese Kraft durch das Härten des Stahls in demselben würde fixirt werden.

Um nun diesen Vorschlag wirklich zu probiren, stellte ich in einem länglichen irdenen Gefäße sechs Magnetstäbe so, daß die Nordpole von dreyen den Südpolen der drey übrigen gegenüber standen, beyde Sätze von Stäben aber in parallelen Lagen etwa drey Zoll weit von einander abstanden, welches ohngefähr die Länge des stählernen Stabs war, der magnetisch gemacht werden sollte. Nach diesen Vorbereitungen ward der stählerne Stab völlig glühend gemacht, und in diesem Zustande zwischen die Magnetstäbe gesetzt, auch plötzlich mit kaltem Wasser übergossen, wodurch er so hart ward, daß ihn die Feile nicht mehr angriff. Ich fand hierauf seine magnetische Kraft zwar stark, aber doch nicht außerordentlich. Durch wiederholte Versuche mit stählernen Stäben von verschiedenen Größen, und durch den Gebrauch von mehrern oder wenigern Magnetstäben fand ich, daß kurze stählerne Stäbe durch dieses Verfahren verhältnißmäßig mehr magnetische Kraft erhalten, als längere; daß der Magnetismus in den längern Stäben vornehmlich aus der Ursache nicht so stark werden kann, weil die an ihre Enden gestellten Magnetstäbe sehr wenig auf diejenigen Theile der Stahlstäbe wirken, welche dem Mittelpuncte nahe liegen; daß endlich die Stahlstäbe, wenn man, um dem ebengedachten Fehler abzuhelfen, mehr Magnete um ihre Mitte stellt, gemeiniglich mehr als zween magnetische Pole erhalten.

Im Ganzen scheint zwar diese Methode allein nicht hinreichend, den Stahlstäben einen außerordentlichen Grad von Magnetismus zu ertheilen; sie kann aber doch bey Verfertigung großer künstlicher Magnete von gutem Nutzen seyn. Denn wenn diese Stäbe, anstatt auf die gewöhnliche Art durchs Untertauchen in Wasser gehärtet zu werden, die Härtung sogleich bekommen, indem sie

zwischen zween starken Magneten stehen, so werden sie
ohne eine sonderlich weitläuftige Operation sogleich einen
beträchtlichen Grad von magnetischer Kraft erhalten.
Man wird sie alsdann poliren und ihren Magnetismus
auf die gewöhnliche Art durch Bestreichen mit andern
Magnetstäben verstärken können; da man sonst eine sehr
weitläuftige Arbeit vor sich hat, wenn man große Stäbe
von bereits gehärtetem Stahle vom Anfang an, und wenn
sie noch gar keine Kraft haben, magnetisch machen soll.

Während dieser Versuche habe ich sehr oft bemerkt, daß
es schien, als ob die Stahlstücken, während daß sie glühten,
nicht von den Magneten angezogen würden; so daß sie
der mindeste Stoß und selbst das Aufgießen des Wassers
aus ihrer Lage bringen konnte. Dies kam mir sehr uner-
wartet, weil einige Schriftsteller behaupten, daß der
Magnet das glühende Eisen eben sowohl, als das kalte,
anziehe. Kircher insbesondere will den Versuch angestellt *) und gefunden haben, daß ein Stück Eisen, welches so stark glühte, daß man es kaum von einer brennen-
den Kohle unterscheiden konnte, von dem Magnet eben
so leicht angezogen ward, als da es kalt war; er giebt sogar eine Ursache an, warum die Kraft eines Magnets
durch eine starke Hitze zerstört werde, da doch die Anziehung des Eisens gegen den Magnet durchs Glühen nicht
aufhöre. Die Ursache ist nach seiner Meinung diese, daß
daß Feuer den Magnet verderbe und calcinire, das Eisen aber reinige. Um nun diesen Gegenstand mehr aufzuklären, stellte ich folgende Versuche an.

Ich setzte ein Stück Stahl dem Feuer so lang aus,
bis es ganz rothglühend war, und hielt in diesem Zustande den Magnet so dagegen, daß er es zu wiederholtenma-
len an verschiedenen Stellen berührte; ich konnte aber
nicht eher ein Zeichen einer Anziehung bemerken, als bis
die Röthe verschwunden war. Ich verstehe aber hier eine

*) De magnete L. I. P. 2. Theor. 31.

solche Röthe, die man auch bey hellem Taglichte deutlich
sehen kann; denn im Dunkeln sieht man die Röthe des
Eisens noch immer, wenn auch schon der Magnet angefangen hat dasselbe anzuziehen, wie mir andere Versuche
gezeigt haben.

Als ich diesen Versuch mit mehrern Stücken Eisen
und Stahl wiederholte, blieb das Resultat immer dasselbe,
d. i. so lange das Eisen oder der Stahl völlig rothglühend
oder weißglühend blieb, zog es der Magnet nicht an, sondern die Anziehung nahm erst ihren Anfang, wenn der
Grad von Röthe, der bey Tage deutlich sichtbar ist, ver-
schwand; und sie war am stärksten, wenn das Eisen noch
ein wenig mehr abgekühlet war, als zum gänzlichen Verschwinden der Röthe im Dunkeln nöthig ist. In Absicht
auf diese Grenze oder dieses Maximum der Anziehung
glaube ich, soviel es die Natur des Versuchs zuläßt, einen Unterschied zwischen Stahl und Eisen bemerkt zu haben, daß nehmlich beym Stahle das Maximum der Anziehung später auf die Verschwindung der Glühröthe folgt,
als beym Eisen.

Bey diesem Versuche kommen zwo Veranlassungen
zu fehlen vor, welche auch vielleicht den P. Kircher irre
geführet haben, und die ich um derer willen, welche den
Versuch wiederholen wollen, nothwendig anführen muß.
Die erste ist, daß ein Stück Eisen von mäßiger Größe,
wenn es an einigen Stellen rothglühend, oder gar weißglühend, an andern aber nicht so heiß ist, sehr oft vom
Magnet angezogen wird, wenn man gleich nicht gerade
die rothglühende Stelle oder Seite gegen denselben hält.
Die zweyte Veranlassung zu fehlen giebt der Umstand,
daß ein kleines Stück Eisen oder Stahl, z. B. eine gewöhnliche Nähnadel, wenn es glühend gegen den
Magnet gebracht und von demselben berührt wird, durch
die Berührung an dieser Stelle sogleich abkühlet, und daher angezogen wird. Aus dieser letztern Ursache habe ich
auch nicht bestimmen können, ob die Anziehung zwischen

dem Magnet und dem Eisen durch das Roth- oder Weißglühen ganz aufgehoben oder ob sie nur dadurch beträchtlich
vermindert wird.　Nur dieses einzige kann ich mit Gewißheit sagen, daß ein Magnet ein gewisses Stück Eisen,
wenn es roth oder weiß glühet, nicht anzieht, wenn er
gleich ein anderes, wenigstens funfzigmal schwereres anzieht, wenn es kalt, oder nicht bis zum Glühen erhitzt ist.

Um diesen Versuch auf eine andre und mehr über-
zeugende Art anzustellen, erhitzte ich einen großen eisernen Nagel bis zum Weißglühen, und legte ihn in diesem
Zustande auf einer irdenen Unterlage, neben den Pol einer Magnetnadel so, daß er nicht in die Richtung der
Nadel, sondern neben dieselbe zu stehen kam.　Wenn ich
nun hiebey genau auf den getheilten Kreis des Compasses
Achtung gab, so konnte ich deutlich bemerken, daß die
Nadel nicht im geringsten aus ihrer natürlichen Richtung
gezogen wurde, so lange der Nagel glühend blieb; so
bald aber die Röthe zu verschwinden anfieng, gieng die
Nadel auf den Nagel zu, und nach wenigen Secunden
stand sie völlig gegen ihn gerichtet.

Ich untersuchte auch, ob hiebey sich einiger Unterschied zwischen natürlichen und künstlichen Magneten äussern würde; aber ich fand meine Erwartung nicht bestätiget.

Um nun diese magnetischen Versuche, welche die
Wirkung der Hitze betreffen, weiter zu verfolgen, untersuchte ich nun, was sich ereignen würde, wenn ich den
Magnet heiß machte; da aber die Verminderung der
Kraft desselben durchs Erwärmen und ihre Verstärkung
durchs Abkühlen schon von dem verstorbenen Herrn Canton *) beobachtet und beschrieben worden ist, so will ich
blos einen einzigen Umstand, welcher vielleicht neu ist,
hinzusetzen.　Es ist dieser, daß ein künstlicher Magnet,
wenn seine Kraft durch die Hitze vermindert worden ist,

*) Philos. Transact. Vol. LI.

dieselbe durchs Abkühlen nicht völlig wieder erlangt; denn
ich habe beständig gefunden, daß die Magnete, welche
erhitzt worden waren, nach dem Abkühlen niemals wieder
soviel Gewicht an Eisen trugen, als sie vorher getragen
hatten. Die Hitze, der ich diese Magnete aussetzte, stieg
nicht über den Siedpunct. Noch augenscheinlicher ward
dieses durch folgenden Versuch bestätiget.

Ich stellte einen Magnetstab in einem irdenen Gefäße in einige Entfernung von dem Südpole der Nadel
eines sehr guten Compasses, so daß durch seine Wirkung
das Ende der Nadel um einige Grade von dem magnetischen Meridian oder von der vorigen Richtung abgezogen
wurde. In dieser Stellung des Apparats ward siedendes Wasser in das Gefäß, worinn sich der Magnet befand, gegossen, worauf die Nadel um $2\frac{1}{2}°$ zurückging.
Einige Zeit darauf, da das Wasser ganz kalt geworden
war, fand ich zwar die Nadel dem Magnete näher, aber
doch nicht so nahe, als sie an demselben stand, ehe das
heiße Wasser ins Gefäß gegossen wurde.

Nach diesen Wirkungen der Hitze wünschte ich nun zu untersuchen, was die Zersetzung des Eisens thun würde, und stellte
in dieser Absicht ein irdenes Gefäß mit etwa zween Unzen Eisenfeile an das südliche Ende der Nadel des Compasses, wodurch die Nadel ein wenig aus ihrer natürlichen Richtung gezogen ward. Ich bemerkte den nun mehrigen Ort der Nadel,
und goß hierauf zuerst etwas Wasser und dann etwas Vitriolsäure auf die Eisenfeile, wodurch ein starkes Aufbrausen mit häufiger Entbindung von brennbarer Luft entstand.
Bald nach dem Anfange des Aufbrausens bemerkte ich
mit Verwunderung, daß die Spitze der Nadel dem Gefäße näher kam, welches zeigte, daß die Anziehung zwischen der Nadel und der Eisenfeile durch die Wirkung der
Vitriolsäure auf die letztere verstärkt worden sey, ob man
gleich gerade das Gegentheil hievon hätte vermuthen sollen. Denn wenn man bedenkt, daß die Kraft des Magnets durch die Hitze geschwächt wird, und daß glühendes

Eisen fast gar keine oder doch nur eine äusserst geringe Anziehung gegen den Magnet zeiget, so sollte man eher schließen, daß die Wirkung der Vitriolsäure aufs Eisen die Anziehung sogleich vermindern müsse, wozu noch der andere starke Grund kömmt, der sich aus der Dephlogistication des Eisens beym Aufbrausen hernehmen läßt. In der That zeigte es sich auch bald darauf, als die Heftigkeit des Aufbrausens und mithin auch die Entbindung der brennbaren Luft schwächer ward, und besonders zuletzt, da das Aufbrausen kaum mehr merklich war, daß die Nadel weiter von dem Gefäße mit der Eisenfeile abstand, als vorher, ehe die Vitriolsäure hinzukam. Diese Verminderung der Anziehung kömmt zuverläßig von nichts anderm, als von dem Verluste des Phlogistons her; denn es ist sehr bekannt, daß das Eisen vom Magnet immer weniger angezogen wird, je mehr es sich dem Zustande der Verkalchung nähert.

Da man sich auf einen einzelnen Versuch nicht verlassen darf, indem dabey durch manche Nebenumstände Fehler veranlasset werden können, so wiederholte ich diesen Versuch mit großer Vorsicht, und sorgte dafür, daß die Nadel und der übrige Theil der Geräthschaft durch nichts erschüttert werden konnten; der Erfolg war aber fast der nemliche, indem die Anziehung zwischen der Eisenfeile und der Nadel im ersten Anfange durch die Wirkung der Vitriolsäure verstärkt wurde.

Um mich zu versichern, daß diese Wirkung nicht von der beym Aufbrausen erzeugten Hitze herkomme, stellte ich das Gefäß mit der Eisenfeile, wie vorher, neben die Magnetnadel, und goß etwas siedendes Wasser auf die Feilspäne, wodurch sie weit mehr erhitzt wurden, als durch die verdünnte Vitriolsäure könnte geschehen seyn; aber die Magnetnadel ward dadurch nicht im mindesten aus ihrer vorigen Richtung gebracht.

Hiernächst verfiel ich auf den Verdacht, ob nicht das Aufbrausen die Eisenfeile so könnte in Bewegung gesetzt

N

haben, daß eine größere Anzahl Feilspäne auf die gegen die Magnetnadel gekehrte Seite des Gefäßes gekommen sey. Um nun diesem Einwurfe zu begegnen, wiederholte ich den Versuch mit einem großen Stücke Stahldrath, der in verschiedenen Richtungen zusammen gewunden ward, so daß er in das Gefäß hineingieng; wobey denn das Metall die Säure mit einer Fläche von genugsamer Größe berührte, und dennoch durch das Aufbrausen nicht bewegt werden konnte. Der Erfolg war aber eben so, wie bey der Eisenfeile, d. i. die Anziehung ward durch die Wirkung der Säure auf den Drath verstärkt. Die nähern Umstände bey diesem Versuche waren folgende.

Etwa sechs Yards reiner Stahldrath, etwas weniger als ½ Zoll im Durchmesser wurden in verschiedenen Richtungen gewunden in ein irdenes Gefäß gebracht, und dasselbe ward neben das südliche Ende der Magnetnadel gestellt, welches davon aus seiner natürlichen Richtung, nemlich von 281° auf 280° gezogen ward. Nach hinzugegossener Vitriolsäure fieng ein starkes Aufbrausen an, und die Nadel kam auf 279° 47'. Etwa fünf Minuten darauf stand sie auf 279° 35'; und wiederum nach fünf Minuten auf 279° 30'. Kurz nach dieser Beobachtung schien sie dem Gefäße noch um etwas weniges näher zu kommen. Hier ward der Versuch unterbrochen; und da man das Gefäß wegnahm, kam die Nadel in ihre ursprüngliche Lage, d. i. auf 281° zurück, zum Beweise, daß die während des Versuchs wahrgenommene Veränderung der Wirkung der Säure auf den Stahl und keiner andern Ursache zuzuschreiben sey.

Den Drath fand ich bey der Untersuchung bloß an der Oberfläche angegriffen, und noch gar nicht weit zerfressen. Ich hatte daher die Neugier, denselben Drath noch einmal zu versuchen, und stellte ihn also in dem vorigen Gefäße wieder neben die Magnetnadel, die er aus ihrer natürlichen Richtung von 281° bis 280° zog. Nachdem ich die Säure aufgegossen hatte, kam die Nadel näher,

eben so, wie beym vorigen Versuche; bald darauf stand sie
auf 279° 30′, da ich das Gefäß wegnahm, weil ich nicht
Gelegenheit hatte, der Versuch länger fortzusetzen.

Beym Abgießen des Liquors aus dem Gefäße schien der
Drath noch nicht sehr angegriffen. Ich stellte also das Gefäß aufs neue neben die Nadel, so daß es dieselbe ein wenig
anzog, und goß siedendes Wasser auf den Drath. Hieburch
entstand ein sehr starkes Aufbrausen, und die Nadel ward
zugleich wieder stärker angezogen. Dieser Versuch zeigte,
daß von der verdünnten Säure, ob sie gleich abgegossen war,
dennoch so viel am Drathe anhängend zurück geblieben sey,
daß daburch mit Hülfe der Siedhitze das Aufbrausen hatte
erneuert werden können.

Aus allem diesen erhellet, daß die Wirkung der Vitriolsäure auf Eisen oder Stahl die Anziehung gegen den
Magnet verstärkt; daß diese Verstärkung eine Grenze hat,
über welche hinaus die Wirkung wieder schwächer wird, und
daß diese Grenze früher erreicht wird, wenn man Eisen, als
wenn man Stahl gebraucht, ob ich gleich über diesen letzten
Umstand nicht ganz gewiß bin, weil bey den bisher angestellten
Versuchen die Verschiedenheit in der Größe und Gestalt des
Eisens oder Stahls einen beträchtlichen Unterschied veranlasset haben kann.

Es war ganz natürlich, nunmehro die Wirkung der andern Säuren auf Eisen und Stahl zu untersuchen; ich stellte
daher den oben erwähnten Versuch mit dem Stahldrathe
aufs neue, jedoch mit Salpetersäure anstatt des Vitriolöls
an. Der Erfolg war, daß die Anziehung zwischen der Magnetnadel und dem Drathe verstärkt ward, wiewohl nicht so
sehr, als beym Gebrauch der Vitriolsäure. Das Maximum
der Anziehung schien auch bey der Salpetersäure früher zu
kommen, als bey der Vitriolsäure; und nach Erreichung
dieser Grenzen nahm die Anziehung im ersten Falle weit
schneller als im letztern ab, welches augenscheinlich davon herrührt, daß das Metall von der Salpetersäure weit leichter als
von der Vitriolsäure dephlogisticirt und aufgelöset wird.

Endlich versuchte ich auch die Salzsäure; aber aller gebrauchter Vorsicht ungeachtet, konnte ich allezeit nur ein sehr geringes Aufbrausen hervorbringen, welches auf die Magnetnadel nicht im mindesten wirkte. — Es scheint also ein starkes Aufbrausen nöthig zu seyn, wenn die Anziehung zwischen dem Magnet und dem Eisen oder Stahl verstärkt werden soll.

Fünftes Capitel.

Vermischte Versuche nebst einigen Gedanken über die Ursache der Variation der Magnetnadel.

Der folgende Versuch wird zeigen, daß eine äusserst geringe Quantität Eisen einen Körper fähig machen kann, vom Magnet merklich angezogen zu werden. Ich hatte ein Stück Türkis ausgesucht, welches ungefähr eine Unze wog, untersuchte dasselbe mit einer sehr empfindlichen Magnetnadel, und fand daran nicht das mindeste Merkmal einer Anziehung, indem die Nadel durch keinen Theil von der Oberfläche des Steins im mindesten aus ihrer natürlichen Richtung gebracht wurde. Hierauf wog ich ein Stück Stahl auf einer Wage, welche den zwanzigsten Theil eines Grans angab, und bestrich alsdann die Oberfläche des Steins mit diesem Stahle in verschiedenen Richtungen. Ich wog nunmehr den Stahl aufs neue, und fand seinen Verlust an Gewicht so gering, daß ihn diese Wage nicht anzugeben im Stande war; dennoch wirkte nunmehr der Stein, ob er gleich nur diese äusserst geringe Quantität Stahl an sich genommen hatte, sehr merklich auf die Magnetnadel.

Die Chymie hat kein Mittel, eine so geringe Quantität Eisen in einem Körper, der nur eine Unze wiegt, mit bestimmter Gewißheit zu entdecken. Wenn man also gleich durch chemische Methoden kein Eisen in einem Körper, welcher die Magnetnadel anziehet, finden kann, so darf man dennoch nicht gleich schließen, daß der Magnetismus desselben nicht von einigem in seiner Substanz versteckten Eisen herrühren könne.

Bey Untersuchung des Magnetismus, welchen das Eisen durch das bloße Aufstellen aus der Erde annimmt, in Stangen von verschiedener Länge, fand ich in denselben allezeit nur zween Pole, selbst wenn die Stangen auf zwanzig Fuß lang waren; die eine Hälfte der Stange hatte allemal die eine, und die andere Hälfte die entgegengesetzte Polarität. Bisweilen fand ich zwar mehr als zween Pole, aber dann war die Stange nicht von gleichförmiger Beschaffenheit, und die Pole konnten durch eine umgekehrte Stellung der Stange nicht leicht umgekehrt werden.

Ich will zu dieser Erzählung des Resultats meiner Versuche noch einige Gedanken über die Anwendung dieser Beobachtungen auf die Erklärung der Variation der Magnetnadel beyfügen.

Dieses wunderbare Phänomen hat seit seiner ersten Entdeckung viele geschickte Naturforscher beschäftiget; man hat auch mancherley Hypothesen entworfen, nicht allein um die Sache selbst zu erklären, sondern auch um die zukünftigen Variationen in verschiedenen Weltgegenden vorherzusagen. Ich habe nicht nöthig, meine Leser mit einer umständlichen Geschichte dieser Hypothesen aufzuhalten; es ist genug dies einzige im Allgemeinen zu bemerken, daß keine dieser Hypothesen auf ausgemachten Gründen beruht, und keine dieser Voraussagungen eingetroffen ist. Die Meinung, daß ein großer Magnet in dem Körper der Erde eingeschlossen sey, und gegen die äussere Schale oder Rinde der Erdkugel seine Stelle verändere; die Voraussetzung von vier beweglichen magnetischen Polen innerhalb der Erde; die Hypothese einer zum Theil innerhalb und zum Theil ausserhalb der Erdfläche befindlichen magnetischen Kraft, so wie viele andere Hypothesen über eben diesen Gegenstand, sind nicht allein ohne alle Bestätigung durch wirkliche Erfahrungen, sondern scheinen nicht einmal der Analogie der übrigen Naturwirkungen übereinstimmend zu seyn. Der verstorbene **Canton**, Mitglied der königlichen Societät der Wissenschaften, war der erste, der es unternahm, die tägliche Veränderung der Magnetnadel durch die Erwärmung und Abkühlung der magnetischen Körper in den verschiedenen Theilen der Oberfläche der Erde zu erklären, nach der von ihm zuerst gemachten Bemerkung, daß die Wirkung des Magnets auf die Nadel durchs Erwärmen geschwächt und durchs Abkühlen verstärkt werde.

Wenn man **Canton's** vortreffliche Methode befolgen, und die Naturerscheinungen aus würklich beobachteten Eigenschaften erklären will, so ist meiner Meinung nach die von diesem Naturforscher wahrgenommene Verstärkung und Verminderung der magnetischen Anziehung durchs Abkühlen und Erwärmen des Magnets, nebst dem Resultate meiner im vorigen Capitel beschriebenen Versuche vollkommen hinreichend, um daraus die Variation der Magnetnadel überhaupt zu erklären.

Wenn wir alle bisher durch die Erfahrung bestätigte Ursachen, welche die Anziehung zwischen magnetischen Körpern verstärken oder vermindern können, zusammen stellen, so finden wir, daß die Anziehung zwischen Magnet und Eisen, oder zwischen zween Magneten durch Abkühlen, durch Wiederherstellung des Eisens, oder durch Phlogistication seines Kalks, und unter gewissen Einschränkungen durch die Wirkung der Säuren auf das Eisen, verstärkt, hingegen durchs Erwärmen und durch die Zersetzung des Eisens geschwächt, und endlich aller Wahrscheinlichkeit nach durch einen sehr großen Grad von Hitze gänzlich aufgehoben wird.

Diese richtigen Sätze vorausgesetzt, betrachte man folgendes. Erstens, daß nach unzählbaren Beobachtungen und täglichen Erfahrungen die Erde fast überall eisenartige Substanzen in verschiedenem Zustande und von verschiedener Größe enthält; Zweytens, daß die Magnetnadel von allen diesen Körpern angezogen, und ihre Richtung durch die Summe aller dieser Anziehungen bestimmt, folglich nach dem gemeinschaftlichen Mittelpunkte aller Anziehungen gelenkt werden muß. Drittens, daß sich dieser Mittelpunkt der Anziehungen verändern muß, so oft einige dieser Körper weggenommen werden, und so oft der Grad ihrer Anziehung auf der einen Seite des magnetischen Meridians stärker als auf der andern verändert wird, daher denn auch in allen diesen Fällen eine Veränderung in der Richtung der Nadel, d. i. eine Variation derselben erfolgen muß. Endlich, daß solche Veränderungen der Anziehung eisenartiger Körper in der Erde ohne allen Zweifel wirklich statt finden müssen, wegen der unregelmäßigen Erwärmung und Abkühlung der Theile der Erde, wegen der Wirkung der Vulkane, welche große Massen von eisenartigen Substanzen zersetzen oder sonst verändern, wegen der Erdbeben, welche eisenartige Körper von ihren vorigen Stellen hinwegführen, und man kann noch hinzusetzen, durch das Nordlicht; denn ob wir gleich von der Ursache dieses sonderbaren Phänomens fast gar nichts wissen, so ist es doch gewiß, daß die Magnetnadel sehr oft ihre Richtung ändert, wenn ein starkes Nordlicht erscheint.

Da nun diese Ursachen nothwendig auf die Magnetnadel wirken müssen, auch wirksam genug sind, um zur Erklärung der Variation hinzureichen, so hat man wohl nicht nöthig, zu andern bloß hypothetischen und durch keine wirkliche Erfahrung bestätigten Ursachen seine Zuflucht zu nehmen.

Um diese Erklärung der Variation durch ein leichtes Beyspiel zu erläutern, machte ich folgenden Versuch. — Ich stellte vier irdene Gefäße um die Magnetnadel herum, zwey bey dem Süd- und zwey bey dem Nordpole, aber nicht in gleichen Entfernungen. In eines dieser Gefäße legte ich einen natürlichen Magnet, in das zweyte einige kleine Späne von magnetischem Stahl mit Erde ver-

mischt, in jedes der beyden übrigen etwa vier Unzen Eisenfeile. Diese Anstalten ließ ich etwa eine halbe Stunde
lang ruhig stehen, wobey die Nadel unverändert blieb.
Hierauf rührte ich die magnetischen Stahlspäne und die
Erde mit einem Stäbchen um, wodurch die Nadel sogleich in Bewegung gerieth. Ferner goß ich auf die Eisenfeile in dem einen Gefäße etwas verdünnte Vitriolsäure, deren Wirkung die Nadel ein wenig gegen dieses
Gefäß zog; indem dieselbe aber noch in dieser Lage sich
befand, goß ich ebenfalls Vitriolsäure auf die Eisenfeile
des auf der andern Seite stehenden Gefäßes, wodurch
die Nadel wieder in ihre vorige Richtung zurück kam.
Indeß das Aufbrausen in beyden Gefäßen noch fortdau-
rete, erhitzte ich den Magnet im ersten Gefäße mit sie-
dendem Wasser, welches wiederum eine neue Veränderung
in der Richtung der Magnetnadel veranlassete. So
ward durch Veränderung des Zustandes der eisenartigen
Substanzen in den Gefäßen die Richtung der Nadel verändert, und dadurch die natürliche Variation augenscheinlich nachgeahmt.

Anhang.

Brief
des D. Lorimer an den Verfasser.

Mein Herr,

Sie melden mir, daß Sie in ihre neue Schrift vom Magnete, bey der Abweichung der Magnetnadel, die Ihnen von mir mitgetheilten vier allgemeinen Fälle einge-
rückt haben, welche aus jeder angenommenen möglichen
Stellung der magnetischen Pole folgen, vorausgesetzt, daß die
Erde ein großer und gleichförmiger natürlicher Magnet
ist. Ich wünschte, daß Sie dabey, als ein Beyspiel des
letzten und wichtigsten Falles, den wirklichen Zustand der
magnetischen Abweichung für die Mitte des gegenwärtigen Jahrhunderts hinzugesetzt hätten, so wie ich denselben
vor etwa zwanzig Jahren aus den besten Beobachtungen,
die ich damals erhalten könnte, zusammengetragen und
aufgesetzt habe. Aber vorjetzt würde dieser Aufsatz für
den Abdruck Ihres Werks zu spät kömmen, und bey weiterer Ueberlegung bin ich auch der Meinung, daß es noch
besser seyn würde, wenn entweder Sie selbst, oder sonst
jemand von den gelehrten Mitgliedern der königlichen Societät die Mühe übernähme, die magnetischen Beobachtungen zu vergleichen, welche auf den verschiedenen auf Be-
fehl Sr. Majestät, des jetzt regierenden Königs, angestellten Reisen gemacht worden sind; und wenn man daraus
mit Zuziehung anderer Hülfsmittel eine allgemeine
Karte, wie die Halleyische, für die gegenwärtige Zeit
herausgäbe. Dies würde nicht nur ein wichtiges Ge-
schenk für unsere neuern Seefahrer seyn, sondern auch
um einen sehr wesentlichen Schritt näher zur Erklärung dieses sonderbaren und interessanten Gegenstandes
führen.

O

Es ist sehr merkwürdig, daß Capitain Cook auf
seiner zweyten Reise, als er die Linie der Declination Null,
welche durch Neuholland geht, durchkreuzte, die Abweichung seiner Compasse binnen zween Tagen um 14° verändert fand. Auch war auf seiner letzten Reise, ob sie
sich gleich nicht so weit nach Süden erstreckte, die Veränderung der Abweichung im Verhältniß mit dem Abstande
der Orte in der Gegend dieser Linie größer, als gewöhnlich. Die Inclinationsnadel zeigte ebenfalls einen beträchtlichen Grad der Neigung auf dieser Linie. Kurz
man sieht aus mehrern Betrachtungen, daß, wenn die
Erde die gewöhnlichen Eigenschaften eines natürlichen
Magnets mit zween Polen hat, der eine von diesen Polen
in dieser Linie liegen müsse, und daß man ihn, wenn auch
nicht unter 60° Breite, wie Herr **Euler** glaubt, doch
nicht weit vom siebzigsten Grade zu suchen habe. Wenn
es daher möglich wäre, unter 70° südlicher Breite, oder
noch darüber hinaus zu schiffen, und man um den Meridian der Botany-bay zuerst östliche Abweichung suchte,
dann aber so lange westwärts gienge, bis die westliche Abweichung merklich würde; und wenn man zu gleicher Zeit
eine Inclinationsnadel am Bord hätte, welche ohne viele
Arbeit die magnetische Neigung zur See mit leidlicher
Genauigkeit zeigte *), nebst etwa hundert Stück Gewichten von weichem Eisen und einer guten Wage, so müßte
man dadurch gewiß einige merkwürdige Entdeckungen
machen.

Der gelehrte Herr von **Maupertuis** erwähnt in
seinem an den verstorbenen König von Preussen gerichte-
ten Briefe über den Fortgang der Wissenschaften unter
andern merkwürdigen Gegenständen auch eine anzustel-
lende Reise nach Norden, und setzt hinzu, daß dabey
auch die Phänomene des Magnets an der Stelle selbst

*) Man s. die Beschreibung der Inclinationsnadel des D.
Lorimer, aus den Philos. Transact. LXV. oben Seite 194.
und ferner.

beobachtet werden könnten, von welcher man ihren Ursprung insgemein herleitet. Aber eine solche Reise stand nicht in der Gewalt Friedrichs des Großen. Unser jetzt regierender König ist es, dem die Welt dergleichen edle, ausgebreitete und uneigennützige Unternehmungen auf immer verdanken wird. Da man aber allen Zugang zum Nordpole durch die Reisen des Lord Mulgrave und des Capitain Cook unmöglich gefunden hat, so bleibt jetzt nichts weiter übrig, als die Möglichkeit eines Zugangs zum magnetischen Südpole zu untersuchen, welche aus den bereits angeführten Gründen nicht unwahrscheinlich ist, wofern der Versuch mit der gehörigen Einsicht angestellet wird. Zugleich übersende ich Ihnen einige wenige flüchtige Bemerkungen über die Abweichung, die ich allezeit als den wichtigsten und merkwürdigsten Theil der Lehre vom Magnet angesehen habe. Wollen Sie dieselben in einem Anhange zu ihrer Schrift bekannt machen, so müssen sie sie nicht als vollständig oder untrüglich ansehen. Ich will bloß diese Gelegenheit benützen, um zu fernern Untersuchungen über diesen wichtigen Gegenstand aufzumuntern; vielleicht kann ich bey einer folgenden Auflage des Buchs etwas mehr befriedigendes mittheilen. Ich bin ꝛc. ꝛ.

J. Lorimer.

Anmerkungen.

1. Die Linie der Declination Null, welche ich die Atlantische nennen will, scheint ihren Ursprung von dem magnetischen Nordpole zu nehmen, und durchschneidet verschiedene Meridiane in der Richtung gegen Südost; sie ahmt die Gestalt des Buchstabens S nach, geht durch das feste Land von Nordamerika, tritt nordwärts von Charles-Town in den atlantischen Ocean, und geht so gegen den Südpol fort. Auf der Westseite dieser Linie ist die Abweichung östlich, und auf der Ostseite westlich.

Diese westliche Abweichung nimmt nach und nach zu, je weiter man ostwärts fortgehet, bis man über das Vorge birge der guten Hofnung hinauskömmt, oder bis ohngefähr in die Mitte zwischen der atlantischen und der ostindischen Linie der Declination Null, wo sie unter 48° südlicher Breite auf 31° steigt, und von da aus bis zur ostindischen Linie sehr regelmäßig wieder abnimmt.

Ostwärts von dieser Linie der Declination Null nimmt die östliche Declination wieder sehr schnell zu, bis man ostwärts von Neuseeland kömmt, wo sie in eben der Breite auf 13° steigt; von hier aus weiter ostwärts scheint sie etwa auf 40° der Länge weit wieder abzunehmen, wächst aber hernach bis wieder ostwärts von Cap Horn, wo sie unter 51° südlicher Breite auf 21° 28' steigt, und dann bis an die vorgedachte atlantische Linie der Declination Null nach und nach wieder abnimmt. Aus allem diesen erhellet, daß diese Beobachtungen ziemlich genau mit dem vierten Falle unter denen, die ich Ihnen vor einiger Zeit übersendet habe, übereinstimmen, ausgenommen was das Abnehmen der östlichen Abweichung ostwärts von Neuseeland betrift. Wenn man aber auch nicht annehmen will, daß die große Menge Wasser im stillen Meere, welche doch gar keine magnetischen Eigenschafen haben kann, die Ursache dieser Unregelmäßigkeit ist; so kann doch auch an sich schon nicht erwartet werden, daß die festen Theile der Erdkugel durchaus so gleichförmig magnetisch seyn sollten, daß die Erfahrung überall mit der Berechnung übereinstimmen müste.

2. Die Magnetnadel weicht nicht allein an verschiedenen Orten der Erde zu einerley Zeit verschiedentlich vom Nordpunkte ab: sondern es verändert sich auch diese Abweichung an einerley Orte zu verschiedenen Zeiten: ich würde also dieses letztere von der Abweichung unterscheiden, und es die **Variation** der Magnetnadel nennen.

3. Zu London und Paris, wo die genausten Beobachtungen angestellt worden sind, war die Abweichung gegen das Ende des sechszehnten Jahrhunderts (frühere Beobachtungen haben wir nicht) zwischen 11 und 12° östlich, und nahm nach und nach ab, so daß nach weniger als hundert Jahren gar keine Abweichung mehr an diesen Orten bemerkt ward. Vom Jahre 1657 zu London, und von 1666 zu Paris, fieng eine westliche Abweichung an. Diese hat seitdem immer zugenommen, wiewohl nicht gleichförmig oder in directem Verhältnisse der Zeit; denn die magnetische Abweichung ist von der Beschaffenheit, daß sie, wie die scheinbare Bewegung der Planeten, bisweilen schneller, bisweilen langsamer geht, zu gewissen Zeiten auch ganz still steht, auch so, wie die Elongation der untern Planeten, wechselsweise einmal nach Osten und das anderemal nach Westen geht.

Es ist ferner zu bemerken, daß die gleichnamigen Abweichungslinien, eine nach der andern, allezeit nach London um einige Jahre früher, als nach Paris, gekommen sind. Eben diese Bemerkung ist auch in andern Gegenden der nördlichen Halbkugel gemacht worden: d. i. die Halleyischen Linien sind durch die westlichern Orte früher, als durch die östlichern gegangen. Denn am Ende des 16ten und zu Anfange des 17ten Jahrhunderts war die Abweichung an den meisten Orten in Europa östlich; hingegen an der Küste von Nordamerika war sie mehrentheils westlich; weil damals die Linie der Declination Null in der Gegend der azorischen Inseln lag. Diese Linie ist seitdem immer mehr gegen Osten gerückt, und es sind die Linien der östlichen Declination vor ihr hergegangen, die der westlichen aber gewöhnlich ihr nachgefolget.

4. In der südlichen Halbkugel hingegen verhält es sich ganz anders; denn um das Ende des 16ten Jahrhunderts gieng eine Linie der Declination Null bey dem Vorgebirge der guten Hofnung vorbey, an deren östlicher Seite eine westliche und an der westlichen eine östliche Ab-

weichung statt fand. Jede dieser Abweichungen sowohl auf der
Ost- als auf der Westseite, nahm nach und nach bis auf einen
gewissen Grad zu, dann aber eben so ab bis auf Null,
welches ostwärts von der ostindischen Insel Java statt fand.

Vorjetzt (im Jahre 1775) ist die Abweichung im
stillen Meere nicht so vollständig bestimmt worden; wir
finden nur überhaupt, daß sie an den meisten Orten dieses
weitausgebreiteten Weltmeeres östlich ist.   Die Linie der
Declination Null, welche damals ein wenig ostwärts vom
Vorgebirge der guten Hofnung lag, hat sich seitdem immer gegen Abend bewegt, und die Linien der östlichen Abweichung sind dabey immer vor ihr hergegangen, die der
westlichen aber sind mit verhältnißmäßiger Geschwindigkeit
nachgefolget; so daß man auf dem Vorgebirge der guten
Hofnung nunmehro eine beträchtliche westliche Abweichung
(von 22°) findet, und die Linie der Declination Null
schon mehrere Grade weiter westwärts liegt.

5.   Man sieht also aus den vorhergehenden Beobachtungen deutlich, daß die Halleyischen Abweichungslinien in der südlichen Halbkugel von Morgen gegen Abend,
in der nördlichen hingegen von Abend gegen Morgen fort-
rücken; und hieben muß ich vorjetzt die Bemerkungen über
diesen Gegenstand abbrechen.

Ich will nur noch dies einzige bemerken, daß ich mir
zwar bey Behandlung dieser Materie alle Mühe gegeben
habe, die Art; auf welche der Magnetismus in der Erde
wirkt, zu erklären; allein, wenn man nur den vorhin gedachten Schlußsatz annimmt, daß die Bewegung der Abweichungslinien in der nördlichen Halbkugel beständig von
Abend nach Morgen, in der südlichen hingegen von Morgen nach Abend gerichtet ist, so ist diese Entdeckung schon
eben so nützlich zur Verzeichnung, Berichtigung und Beur-
theilung unserer künftigen Abweichungs- und Variationskarten, und für die Bedürfnisse der Schiffahrt eben so hinreichend, als wenn wir vollkommen mit der ersten Ursache aller
magnetischen Erscheinungen bekannt wären.

Register.

A.

B.

C.

D.

E.

F.

G.

Register.

H.

J.

K.

L.

M.

Register.

Register.

Register.

Ende.

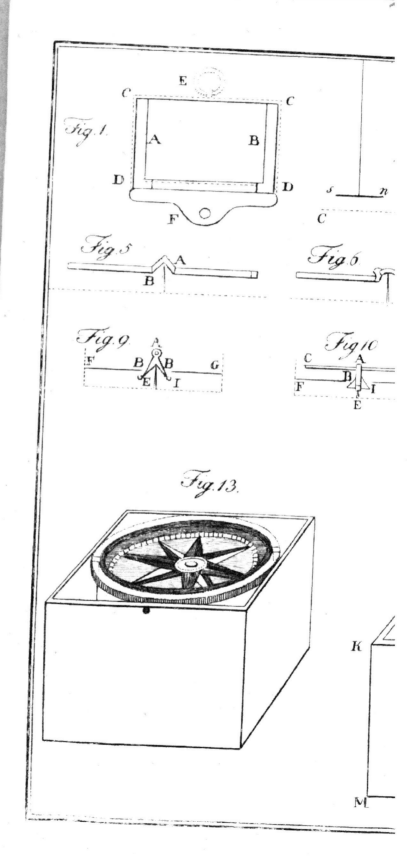

Fig. 1.

Fig. 5

Fig. 6

Fig. 9.

Fig. 10

Fig. 13.

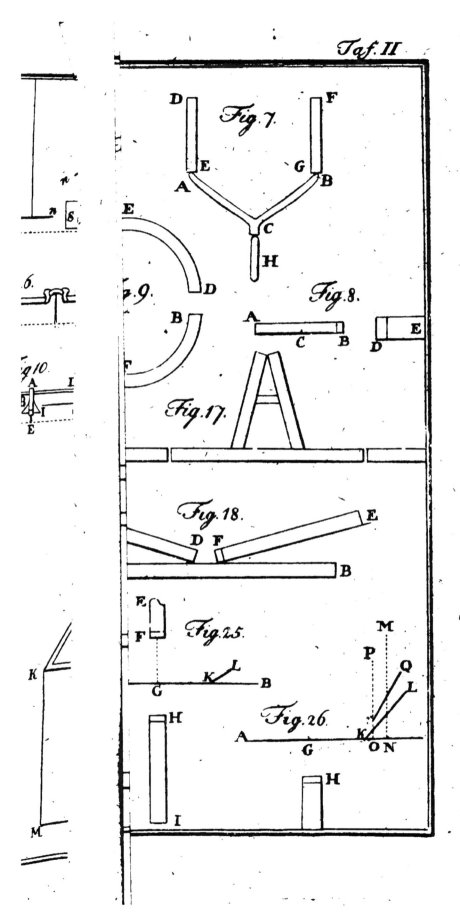

Taf. II

CPSIA information can be obtained at www.ICGtesting.com
Printed in the USA
BVOW061541260911

272148BV00009B/94/P